www.tredition.de

Anne Heesen

Greta Garbööchen und Oma Liesl - zwei mit Herz und Verstand!

SprichwortGeschichten

Ein Lese- und Vorlesebuch für Junge und ... Junggebliebene

www.tredition.de

© 2021 Anne Heesen, 2022 überarbeitete und illustrierte Fassung

Verlag und Druck:
tredition GmbH, Halenreie 40-44, 22359 Hamburg

ISBN
Paperback: 978-3-347-25158-8
Hardcover: 978-3-347-25159-5
e-Book: 978-3-347-25160-1

Das Werk, einschließlich seiner Teile, ist urheberrechtlich geschützt. Jede Verwertung ist ohne Zustimmung des Verlages und des Autors unzulässig. Dies gilt insbesondere für die elektronische oder sonstige Vervielfältigung, Übersetzung, Verbreitung und öffentliche Zugänglichmachung.

Weitere Bücher von Anne Heesen, Verlag tredition:

„Greta Garbööchen und Oma Liesl – erleben aufregende Feste!"
Band 2 der „SprichwortGeschichten für Junge und Junggebliebene", illustriert von Carlotta Reinders

„Erpicht aufs Gedicht? Für zarte Gemüter – besser nicht!"
Gereimte Ungereimtheiten und freche Wortspielereien, unterhaltsame Lyrik, illustriert von Carlotta Reinders

„KLEIN, FEIN – und GEMEIN!" cosy short crimes, Kurz-Krimis *„very british!"*

Für

Friederike und Maximilian

VORWORT

Wie es zu diesem Lese- und Vorlesebuch für Kinder, Eltern und … Junggebliebene kam:

Sprichwörter und Lebensweisheiten haben mich seit jeher fasziniert und begleitet. Viele berühmte und weniger berühmte Geister der Geschichte, von der Antike bis in die Neuzeit, inspirieren und motivieren mich bis heute durch ihre Gedanken, u.a. in Aphorismen, Zitaten und Redewendungen.

‚Ein guter Aphorismus ist die Weisheit eines ganzen Buches in einem einzigen Satz‘! So formulierte es seinerzeit der Schriftsteller und Journalist Theodor Fontane.

Manche dieser Sprichwörter und Redewendungen klingen mir seitens meiner Mutter und Großmütter in den Ohren; nur teilweise begriff ich als junger Mensch ihren tieferen Sinn. Im Laufe der Jahre jedoch erschlossen sich mir viele der Lebensweisheiten, und ich konnte in guten, wie in weniger guten Zeiten, von dem Kern ihrer Wahrheiten profitieren.

In Quizsendungen werden ab und zu Sprichwörter abgefragt, die uns der Volksmund überliefert hat; manches Mal wird zögerlich oder fehlerhaft geantwortet. Einerseits ist es der verständlichen Aufregung geschuldet, andererseits ist dieses Sprichwort entweder vergessen oder gänzlich unbekannt. Das finde ich schade!

Von dem griechischen Philosophen Epiktet, der vor immerhin fast 2000 Jahren lebte, ist überliefert: *‚Nicht Sprüche sind es, woran es fehlt; die Bücher sind voll davon. Woran es fehlt, sind Menschen, die sie anwenden‘* – und kennen, möchte ich ergänzen.

Im Laufe meiner Ausbildungen und beruflichen Tätigkeit habe ich mit vielen Menschen, unterschiedlichen Alters und Bildung zusammengearbeitet. Wenn es die Situation erfordert, versuche ich, durch bildhafte Sprache, Analogien und Lebensweisheiten etc., individuelle Lösungsansätze zu erarbeiten. Mit ihnen lassen sich Argumente untermauern, Einstellungen und Verhaltensweisen hinterfragen bzw. verdeutlichen. Die positiven Rückmeldungen sprechen zu meiner Freude für sich.

Das Lesealter für dieses Buch ist meines Erachtens unabhängig vom Lebensalter; entscheidend ist eher die Neugier auf anregende und mutmachende Geschichten.

Zudem wünsche ich mir, dass Ältere den Jüngeren diese Geschichten vorlesen und mit ihnen darüber nachdenken oder auch diskutieren. Ob jung oder alt: Vorlesen motiviert und schenkt Freude; es fördert zudem den gegenseitigen Austausch an Meinungen, Denkweisen, Wissen und Erfahrungen unterschiedlicher Alters- und Personengruppen!

In den Gesprächen zwischen Greta Garbööchen und Oma Liesl entwickeln sich durch Erzählungen, Geschichten sowie durch Sprichwörter und Redewendungen teils neue, teils unerwartete Perspektiven und lebensbejahende Lösungen.

Viel Freude beim (Vor-)lesen der SprichwortGeschichten von:

Greta Garbööchen und Oma Liesl –

zwei mit Herz und Verstand!

Inhalt

Vorwort   *7*

‚Sich regen bringt Segen' oder
‚Ohne Fleiß - kein' Preis'   *11*

‚Wie du mir, so ich dir' oder
‚Was du nicht willst, das man dir tu',
das füg' auch keinem anderen zu'   *22*

‚Jedes Unglück beginnt mit einem Vergleich'
oder ‚Jedes Ding hat zwei Seiten'   *29*

‚Wer einmal lügt, dem glaubt man nicht,
und wenn er auch die Wahrheit spricht'
oder ‚Lügen haben kurze Beine'   *37*

‚Was du heute kannst besorgen, das verschiebe
nicht auf morgen' oder ‚Carpe Diem'   *50*

*‚Wie man in den Wald hineinruft, so schallt
es heraus' oder ‚Der Ton macht die Musik'*   *58*

*‚Nur sprechenden Menschen kann geholfen
werden' oder
‚Hilf' dir selbst, so hilft dir Gott'*   *71*

*‚Schrift macht die Gedanken sichtbar' oder
‚Wer schreibt, der bleibt'*   *83*

*‚Wie du kommst gegangen, so wirst du auch
empfangen' oder ‚Kleider machen Leute'*   *96*

Nachwort   *108*

Anmerkungen   *110*

‚Sich regen bringt Segen' oder ‚Ohne Fleiß - kein Preis'

Es war ein kalter Wintertag; sicher würde es am Nachmittag anfangen zu schneien. Trotzdem schnappte sich Greta ihr Fahrrad und fuhr los, dick in eine warme Winterjacke verpackt. Durch eine bunte Wollmütze, die sie sich noch rasch über ihre kurzen, dunkelbraunen Haare gestülpt hatte, sowie durch einen langen Schal und gefütterte Fäustlinge an ihren Händen geschützt, konnte der scharfe Wind ihr wenig anhaben. Kräftig trat sie in die Pedale und schon bald wurde ihr warm.

Wenn die Erwachsenen nach der 9-jährigen Greta gefragt wurden, antworteten die meisten: „Sie ist ein freches und vorlautes Mädchen!" Greta selbst vertrat in keiner Weise diese Ansicht. Im Gegenteil: Sie fand sich genau richtig!

Vor allen Dingen war sie weniger zickig und wehleidig als manch andere Mädchen in ihrem Alter. Bei diesem Gedanken musste sie grinsen, während ihr der kalte Wind um die triefende Nase fegte.

Einige Zeit später erreichte Greta ihr Ziel, ein kleines Fachwerkhaus mit einem hübsch gestalteten Vorgarten. Sie öffnete das leicht quietschende Gartentor, stellte ihr Fahrrad ab, ging den geschwungenen Weg bis zum überdachten Eingang und klingelte ungeduldig an der Haustür ihrer Großmutter.

Es gab einen Menschen in Gretas Leben, den sie von ganzem Herzen liebte; und von dem Greta glaubte, dass es die einzige Person auf der Welt sei, die sie so, wie sie war, vorbehaltlos akzeptierte: Ihre Oma Liesl!

Oma Liesl krittelte so gut wie nie an ihr herum, sagte nicht andauernd „tu dies, tu das", nahm sich immer Zeit für sie und hörte bei jedem ihrer Probleme geduldig und mit großer Anteilnahme zu.

Ja – für Greta war ihre Oma Liesl ein ganz besonderer Mensch!

„Immer hereinspaziert, junges Fräulein! Ein leckerer, warmer Kakao zum Aufwärmen steht schon für dich bereit."

Freundlich lächelnd öffnete eine betagte Dame die Haustür. Greta flitzte rasch an ihr vorbei, zog ihre dicken Schuhe und die verschwitzte Winterkleidung aus und umarmte dann stürmisch ihre Großmutter.

Oma Liesl war klein, allenfalls zwei Köpfe größer als Greta und ein wenig rundlich um die Hüften. Die weißen Haare auf ihrem Kopf waren zu einem kleinen Knoten, einem Dutt hochgebunden. Der wackelte bei jeder heftigen Bewegung von Oma Liesl, was Greta immer sehr lustig fand. Durch die runden Brillengläser auf ihrer Knollennase blitzten zwei kleine, wache und durchdringende Augen.

„Gut, dass du vor deinem Besuch angerufen hast", bekräftigte Oma Liesl. „Ich wollte mich schon mit einer Freundin zu einem Spaziergang verabreden. Allerdings: Wenn ich das Wetter draußen sehe und dann dich anschaue, bin ich froh, dass *du* gekommen bist!", lachte die Großmutter gutmütig und rollte mit ihren Augen.

Oma Liesl lachte gerne! Das bewiesen die vielen kleinen Lachfalten um ihre Augen und die tiefen Grübchen in ihrem runzligen Gesicht. Für ihr hohes Alter, nämlich gigantöse zehn Mal so alt wie ihre Enkelin, fühlte sie sich ausgesprochen rüstig und mobil.

„Gigantös" war eines von Gretas Lieblingswörtern. Sie liebte den Buchstaben ö, weil er in ihrem Nachnamen zwei Mal vorkam. Darüber hinaus konnte sie jedes Wort mit ö nach Lust und Laune herrlich in die Länge ziehen. Und das kam bei Greta öfter vor!

Die Erwachsenen hingegen schüttelten verständnislos den Kopf über so viel Unsinn und meinten, das Wort „gigantös" gäbe es nicht. Gab es aber wohl: Denn da Greta es erfunden hatte, existierte das Wort für sie auch – basta!

„Na, was gibt es Neues zu berichten?"

Oma Liesls Frage rüttelte Greta aus ihren Gedanken auf. Beide hatten es sich auf dem Wohnzimmersofa bequem gemacht, eingehüllt in eine herrlich weiche Decke. Vor dem Sofa stand ein kleiner Fußhocker, auf den die Großmutter gerne ihre Füße ablegte. Genussvoll löffelten sie den wunderbar duftenden warmen Kakao mit einem Krönchen Schlagsahne obendrauf.

Greta liebte diese gemeinsamen Augenblicke mit ihrer Oma Liesl. Sie kuschelte sich enger an den rundlichen Körper der alten Dame und überlegte, wie und wo sie am besten anfangen sollte.

Es fiel Greta generell schwer, auf eine an sie gerichtete Frage sofort eine passende Antwort zu finden. Für dieses Problem, und es *war* ein Problem für sie, fehlte vielen Erwachsenen das Verständnis, grollte Greta.

Entweder, so fand sie, waren die Großen zu sehr mit ihren eigenen Gedanken beschäftigt oder, was noch häufiger der Grund war, sie nahmen sich erst überhaupt nicht die Zeit, um auf eine passende Antwort von ihr zu warten.

„Die Erwachsenen sagen immer, ich wäre faul!", nörgelte Greta nach einiger Zeit und stieß einen heftigen Seufzer aus. Mit ihrem

Zeigefinger drehte sie sich dabei eine dünne Wurst in ihre kurzen Haare. Das machte Greta immer, wenn sie unsicher war. Sie verzog das Gesicht und rümpfte ihre kleine Stupsnase, sodass die vielen Sommersprossen in ihrem Gesicht lustig auf und nieder tanzten.

„Ach ja? Wie kommen die Erwachsenen denn darauf?", wunderte sich Oma Liesl. „Wenn du faul wärst, hättest du dich doch bei diesem Wetter keinesfalls auf den Weg zu mir gemacht." Die alte Dame schüttelte verständnislos den Kopf. „Was meinst du denn selbst? Findest du dich auch faul?"

„Nööö!" Dabei dehnte Greta das ö entrüstetet, gleichwohl mit einigem Vergnügen. „Die Erwachsenen sind selbst oft faul und machen es sich gerne bequem!", kritisierte sie mit einem scharfen Tonfall in ihrer Stimme.

„Zwar sprechen sie immer davon, was sie alles noch tun und erledigen wollen; aber dann verschieben sie entweder ihre Angelegenheiten auf später oder lassen die Dinge einfach laufen, bis sie sich von selbst erledigt haben", ereiferte sich Greta und klopfte vehement auf das Kissen neben sich.

Es staubte ein bisschen und Oma Liesl musste leicht hüsteln.

„Tja, mein Kind, da muss ich dir zustimmen!" Die Großmutter stellte ihren Becher auf den Tisch neben sich. „Der innere Schweinehund steckt leider in uns allen und meldet sich viel zu oft. Es bedarf einer starken inneren Überzeugung und eines überaus motivierenden Ziels, um diesen gemeinen und hinterlistigen Kerl erfolgreich zu überwinden!"

Von diesem Tier hatte Greta die Erwachsenen schon häufiger reden gehört. War dieser Hund gefährlich? Und beherbergte sie ebenfalls diesen Schweinehund in sich? Und wenn ja – wo?

Beide schwiegen eine Weile; jede von ihnen schien in ihre eigene Gedankenwelt versunken zu sein. Nur die alte Standuhr im Wohnzimmer tickte leise im Sekundentakt vor sich hin.

Plötzlich richtete sich Oma Liesl kerzengerade auf, nahm ihre Brille von der Nase und sagte: „Weißt du, was mir gerade in den Sinn kommt? ‚*Sich regen bringt Segen*'!"

Und so unerwartet, wie die alte Dame sich aufgerichtet und gesprochen hatte, so schnell verstummte sie und lehnte sich entspannt wieder zurück.

Greta atmete heftig ein, hielt kurz die Luft an – und atmete kopfschüttelnd wieder aus. Gigantös, einfach gi-gan-töös, konstatierte sie. Jedes Mal, wenn sie eine scheinbar unlösbare Frage oder ein kniffliges Problem quälte und sich damit an ihre Großmutter wandte, hielt Oma Liesl dazu passende Sätze bereit.

Die Großmutter nannte sie „Sprichwörter" und „Lebensweisheiten". Greta liebte diese Sprüche, denn anschließend erzählte Oma Liesl meist spannende und interessante Geschichten.

Da sie alles Neue interessierte, so wollte Greta natürlich auch jetzt wissen, was es mit diesem Spruch auf sich hatte.

„Was bedeutet der Satz ‚*Sich regen bringt Segen*'?" Greta richtete ihren Blick erwartungsvoll auf die Großmutter. Anstatt jedoch sofort zu antworten, zögerte Oma Liesl und schaute ihre Enkelin nachdenklich an.

„Hm...du magst doch gerne Kuchen, stimmt's?"

„Ja klar!", antwortete Greta irritiert. Was sollte diese Frage? Überhaupt: Hatte sie nicht zuerst gefragt? Oder hörte ihre Großmutter neuerdings schlecht?

Schon wollte sie aufbrausen, da legte die alte Dame besänftigend ihre Hand auf Gretas Arm. „Warte ab und pass´ auf. Du erhältst von mir sogar *zwei* Antworten auf deine Frage!" Oma Liesl schmunzelte vergnügt. Sie hatte einen Plan.

„Schließe einmal deine Augen! – Hör´ auf zu schummeln! – Erstens: Wie hast du dich gefühlt, als du mit deinem Fahrrad vor meinem Haus ankamst?"

„Ausgezeichnet!", erwiderte Greta fröhlich. „Gut vom Fahrwind durchgepustet, war ich sogar viel besser gelaunt als vorher."

Greta wurde immer neugieriger und es fiel ihr schwer, die Augen geschlossen zu halten. Was hatte Oma Liesl bloß vor?

Die alte Dame klatschte erfreut in die Hände. „Sehr gut!", sagte sie, „Das ist meine *erste* Antwort auf deine Frage. Du hast dich *geregt,* hast dich also in Bewegung gesetzt, um mich zu besuchen. Am Ende bringt es dir einen *Segen*, denn du trinkst hier gerade in bester Laune einen leckeren warmen Kakao. Stimmt´s?"

Greta nickte nachdenklich. Okay, wenn man es so betrachtete, hatte ihre Großmutter wahrhaftig nicht unrecht.

Oma Liesl fuhr munter fort. „Halte deine Augen weiterhin geschlossen und stelle dir nun deinen Lieblingskuchen vor."

Na ja, das war einfach für Greta. Sie liebte fast jeden Kuchen, am meisten aber schätzte sie Marmorkuchen. Und der von Oma Liesl war einfach köstlich, keiner backte ihn besser!

„Möchtest du denn jetzt gerne ein Stück Marmorkuchen essen?", fragte die Großmutter. Ihre Augen blitzten und um ihre Mundwinkel zuckte es verdächtig.

„Au ja, wundervoll!" Greta riss die Augen auf und strahlte. „Du hast einen Marmorkuchen gebacken, liebste Oma?" Bei dem Gedanken an ein großes Stück mit viel Schokolade obendrauf lief Greta schon das Wasser im Mund zusammen.

„Mein liebes Kind, ich muss dich leider enttäuschen. Nein – ich habe keinen Marmorkuchen gebacken", erwiderte Oma Liesl achselzuckend. Nach diesen Worten lehnte sie sich entspannt zurück und strich sanft über das Kissen neben sich.

Wie bitte? Was hatte sie da gehört? Greta schaute ihre Großmutter erst überrascht, dann verärgert an. Außerdem war sie zutiefst enttäuscht: Da lockte Oma Liesl sie mit einer herrlichen Versprechung – und dann kam diese gänzlich deprimierende Antwort!

„Das ist gemein!", brach es aus Greta heraus. „Ich habe mich schon so auf ein leckeres Stück Kuchen von dir gefreut. Ach nöööö!"

Neben diesem empörten Aufschrei traten jetzt auch noch große Krokodilstränen in Gretas Augen und die Unterlippe schob sich verdächtig weit nach vorne; immer ein sichtbares Zeichen dafür, dass Greta heftig schmollte.

Oma Liesl jedoch ließ sich von dem heftigen Gefühlsausbruch ihrer Enkelin wenig beeindrucken. „Bleib' gelassen, mein Kind", erwiderte sie ruhig und drehte sich mit einem bedeutungsvollen Blick zu Greta hin. „Das ist meine *zweite* Antwort auf deine Frage!"

Bevor Greta erneut aufbrausen konnte, sprach ihre Großmutter schnell weiter.

„Schau, mein Liebes: Der Wortgebrauch ‚*sich regen*' ist schon etwas älter und bedeutet: Wenn man etwas bekommen will oder selbst gesteckte Ziele erreichen möchte, muss man dafür auch selbst aktiv werden und sich bewegen, also sich *regen*.

Auch wenn uns das natürlich oft viel lieber wäre: In den allermeisten Fällen jedoch wird mir niemand anderes die Arbeit für meine Vorhaben abnehmen, ich muss es schon selbst erledigen! – Verstehst du, was ich meine?", hakte die Großmutter mit einem fragenden Blick über ihre Nickelbrille nach.

Greta schniefte einmal laut auf und nickte. Sie hatte sich jetzt ein wenig besonnen und hörte aufmerksam zu.

„Fein!" Oma Liesl strich sich eine unsichtbare Fluse von ihrem Wollkleid und fuhr dann fort.

„Mit den Worten ‚*bringt Segen*' ist folglich das Ergebnis gemeint, welches ich durch meine eigenen Bemühungen erreichen kann. Das beste Beispiel kennst du aus dem Sport. Geht es ums Gewinnen, heißt es dort auch: ‚*Ohne Fleiß – kein Preis*'!"

Oma Liesl atmete tief durch und musste nach den vielen Worten erst einmal kurz verschnaufen.

Greta dachte jetzt unwillkürlich an ihre Schule und überlegte. Im Grunde genommen ging sie gerne dorthin, um neue und interessante Dinge zu lernen. Und obwohl sie viel forderten, waren ihre Lehrer im Großen und Ganzen ebenfalls in Ordnung.

Klar, die Pausen waren für sie immer eine willkommene Unterbrechung des Unterrichts, denn auf dem Schulhof ausgelassen zu spielen und fröhlich herumtoben zu können, fühlte sich auf jeden Fall wesentlich besser an als das lange Stillsitzen im Klassenraum.

Das Unangenehme an der Schule, fand Greta, waren einzig und allein die überaus lästigen Hausaufgaben! Wie viel Zeit dafür jeden Tag draufging; und was könnte man stattdessen nicht alles in seiner Freizeit an lustigen und spannenden Abenteuern erleben. Allein der Gedanke an diese Möglichkeiten entlockte Greta einen erneuten Stoßseufzer.

Aber jetzt, so hatte sie von Oma Liesl gehört, kam der springende Punkt: ‚Ohne Fleiß – kein Preis'! Das bedeutete ja dann – bei dieser sich unangenehm aufdrängenden Schlussfolgerung bogen sich Gretas Mundwinkel ein wenig weiter nach unten –, dass sie sich zwecks besserer Schulnoten wohl etwas fleißiger um ihre Hausaufgaben kümmern sollte?!

Tiefe Sorgenfalten bildeten sich auf Gretas Stirn und sie seufzte schon wieder genervt auf.

„Nun, meine Liebe?" Oma Liesls gut gelaunte Stimme verscheuchte Gretas düstere Gedanken. „Was schließen wir aus den vielen klugen Worten? – Richtig! *Erstens* stehen wir jetzt geschwind auf und bringen unsere Arme und Beine in Bewegung. Das macht uns frisch und munter; gleichzeitig kommen wir auf andere Gedanken."

Flugs schlug Oma Liesl die Decke beiseite, nahm ihren Fuß vom Hocker, drückte sich von der Couch hoch und schaute ihre völlig überraschte Enkelin amüsiert an.

„Na los, worauf wartest du? Zack, zack!" Mit einer energischen Handbewegung zeigte die Großmutter in Richtung Küche.

„Und *zweitens*: Wir backen jetzt sofort selbst unseren Preis – einen leckeren Marmorkuchen! Ich sehe hier nämlich niemanden, der uns diese Arbeit abnehmen wird."

Greta grinste und sprang erleichtert auf. Oma Liesl hatte vollkommen recht und die ganze Angelegenheit auf den Punkt gebracht. Arm in Arm, lachend und voller Vorfreude auf einen schmackhaften Kuchen machten sich die beiden an die Arbeit.

Für *so* einen Preis, dachte Greta, war sie gerne fleißig!

‚Wie du mir, so ich dir' oder ‚Was du nicht willst, das man dir tu´, das füg´ auch keinem andern zu'

Wütend knallte Greta die Wohnungstür hinter sich zu. Ihre Schultasche flog in die nächstbeste Ecke, die Jacke landete ebenfalls auf dem Boden. Ihre schmutzigen Schuhe streifte sie sich noch hastig von den Füßen, dann lief sie in die Küche. Dort saß ihre Großmutter am Küchentisch bei einer Tasse Kaffee und einem Brötchen und las in einer Zeitschrift.

„Stell´ dir vor Oma Liesl, was mir heute passiert ist!", keuchte Greta und ließ sich mit viel Schwung auf den hölzernen Küchenschemel fallen, der daraufhin bedenklich knarrte.

„Es ist echt empöööörend!" Sie haute kräftig mit der Faust auf den Tisch. Oma Liesls Kaffeetasse schepperte entrüstet.

„So, so mein Kind", entgegnete Gretas Großmutter ungerührt und biss ein kleines Stück von ihrem Käsebrötchen ab. „Dann erzähl´ mir mal, was so fürchterlich empörend ist", forderte sie Greta kauend auf.

„Oma Liesl, stell dir vor: Die Ina war so gemein zu mir, – ja wirklich!" Greta kam vor lauter Aufregung ins Stottern. „In der großen Pause habe ich mir am Bäckerstand auf dem Schulhof ein Stück Streuselkuchen gekauft. Plötzlich kamen Ina und ihre neue Freundin Kerstin auf mich zu. Du weißt, Oma, eigentlich ist Ina ja *meine* beste Schulfreundin."

Greta holte tief Luft, bevor sie aufgebracht weitersprach. „Gerade, als ich ein Stück abbeißen wollte, fielen mir ein paar Streusel auf den Boden. Und weißt du was? Die beiden lachten mich einfach aus. Kannst du dir *das* vorstellen? Bloß, weil mir ein paar Streusel heruntergefallen sind!"

Jetzt blickte Greta ihre Großmutter provozierend an. „Kennst du vielleicht jemanden, dem beim Streuselkuchenessen niemals Streusel auf den Boden gefallen sind? – Na?"

Oma Liesl schüttelte heftig den Kopf. Nein, sie kannte wahrhaftig auch niemanden, und auch ihr kleiner Dutt auf dem Kopf wackelte zustimmend.

„Siehst du, sag´ ich ja!" Triumphierend reckte Greta beide Daumen in die Höhe. Aufgeregt fuhr sie fort. „Weißt du, was diese beiden Dödels dann zu mir sagten?" Oma Liesl schaute erwartungsvoll und biss in ihr Brötchen. Dabei fielen kleine Brotkrumen auf ihren Teller.

„Sie verspotteten mich und sagten, ich... ich ... ich könne ja nicht einmal vernünftig essen!" Tränen vor Wut, Frust und Empörung schossen in Gretas Augen. Schluchzend warf sie den Kopf auf den Tisch und legte ihre Arme darüber.

Oma Liesl hörte auf zu kauen und schaute besorgt zu ihrer Enkelin. „Tatsächlich, das ist entschieden unfreundlich von den beiden gewesen! Was hast du ihnen daraufhin geantwortet?", fragte die Großmutter voller Mitgefühl.

Schniefend hob Greta ihren Kopf. „Keine Ahnung, was ich sagen sollte. Ich habe Ina angeguckt und gesehen, wie sie mich abfällig musterte. Dann ist sie mit Kerstin einfach weggegangen und hat mich stehengelassen. Einfach so, unmöööglich!"

Abermals jaulte Greta auf und stampfte wütend mit dem Fuß auf den Boden, dass der Tisch nur so wackelte.

„Und, was willst du nun unternehmen?", erkundigte sich die Großmutter interessiert, während sie sich den Mund mit ihrer weißen Stoffserviette abputzte.

„Oh, die Ina soll bereuen, dass sie mich so gemein behandelt hat. Rache ist Blutwurst, so geht man nicht mit Greta Garbööööchen um!" An der Länge der ös ließ sich ohne jeden Zweifel ihre schlechte Stimmung ableiten.

Greta sprang auf und mit hochrotem Gesicht reckte sie eine Faust in die Höhe, bereit, es allen zu zeigen.

„So, so", entgegnete Oma Liesl ungerührt und stand auf, um den Tisch abzuräumen. Greta hingegen lief wie ein aufgebrachter Tiger im Käfig auf und ab. Sie überlegte … und überlegte … und überlegte.

Plötzlich hielt sie inne und blieb abrupt stehen. Ihr Gesicht bekam auf einmal einen tückischen, wenn nicht sogar einen hinterhältigen Ausdruck.

„Haha!" Frech grinsend schlug Greta erneut mit der Faust auf den Tisch. Beunruhigt schaute Oma Liesl in das gerötete Gesicht vor ihr. War das ihre sonst so freundliche, liebe und wissbegierige Enkelin?

„*So* wirds gemacht!" Greta nickte heftig und stampfte nochmals mit dem Fuß auf. „Ich kenne ein paar Jungs aus meiner Clique. Denen werde ich die Geschichte mal erzählen und sie auffordern, Ina morgen auf dem Nachhauseweg zu verkloppen. Dann wird sie ihr blaues Wunder erleben und sehen, wer hier die Stärkere ist!"

Ein bisschen wirkte Greta in diesem Moment auf Oma Liesl wie *'Rumpelstilzchen'*.

„Und dann?", forschte ihre Großmutter unerbittlich nach, während sie das schmutzige Geschirr in die Spüle stellte.

„Was soll denn *dann* sein?", fragte Greta schroff zurück. Oma Liesl schien ihren genialen Plan in keiner Weise zu begreifen.

„Ich meine", die alte Dame räusperte sich kurz. „was passiert, nachdem deine Freunde die Ina verhauen haben?" Die Großmutter runzelte nachdenklich ihre Stirn, während sie heißes Wasser ins Spülbecken laufen ließ.

Greta wurde unsicher und kam ins Schwanken. „Tja, dann … dann …", stotterte sie, „…dann weiß ich auch nicht!", vollendete Greta trotzig ihren Satz. Was meinte die Oma Liesl mit ihrer Fragerei? Ihr schwante nichts Gutes.

Die Großmutter setzte sich jetzt wieder auf ihren Stuhl und musterte Greta mit einem forschenden Blick. Währenddessen faltete sie sorgsam die beiden Stoffservietten zusammen, die auf dem Tisch lagen.

„Was ich mich frage, ist lediglich, ob du dein Vorhaben zu Ende gedacht hast?" Die alte Dame betrachtete ihre Enkelin erwartungsvoll. „Welche Konsequenzen, welche Folgen wird dein Plan haben?"

Greta wurde plötzlich abwechselnd heiß und kalt. Wo und wie die Jungs Ina bedrohlich umringen würden, das war ihr bis zu diesem Moment glasklar gewesen. Doch jetzt? Kein Zweifel, erkannte Greta bestürzt: Die *Folgen* des Plans hatte sie in ihrem Zorn tatsächlich nicht im Entferntesten bedacht!

„Mir fällt zu deinem Plan eine passende Lebensweisheit ein", unterbrach Oma Liesl die Stille. „Willst du sie hören?" Ohne allerdings eine Antwort abzuwarten, sprach sie direkt weiter.

„Sie heißt: ‚*Was du nicht willst, das man dir tu´, das füg´ auch keinem anderen zu*‘!"

Eindringlich schaute die Großmutter in Gretas blass gewordenes Gesicht. Ihre dunklen Augen hinter den runden Brillengläsern funkelten streng. Dann ergänzte sie: „Oder möchtest du lieber nach diesem Motto handeln: ‚*Wie du mir, so ich dir*‘?!"

Greta schwieg betroffen. Unangenehme Gedanken schossen ihr durch den Kopf. Zum einen spürte sie, dass ihr Plan wohl keine gute Idee gewesen sein könnte. Greta war klug; sie konnte sich jetzt, wo sie sich etwas beruhigt hatte, nur zu gut die Auswirkungen ihres Vorhabens vorstellen. ‚*Klar wie Kloßbrühe*‘: Umgekehrt hätte sie auf gar keinen Fall in Inas Lage stecken wollen!

Ihre Freundin wäre sicherlich chancenlos gewesen, vielleicht wäre sie sogar verletzt worden. Oder noch schlimmer, dachte Greta mit zunehmend schlechtem Gewissen: Ina hätte in ein Krankenhaus eingeliefert werden müssen. Bei diesem Gedanken wurde es Greta übel. Sie hasste Krankenhäuser wie die Pest!

Wie oft hatte Greta das Hospital in ihrer Stadt schon aufsuchen müssen. Von der Behandlung ihrer zahlreichen Schürf- und Platzwunden abgesehen, hatte sie sich zuletzt ein Loch im Kopf zugezogen, weil sie in der Pause auf dem Schulhof bei einem Balanceakt mit dem Hinterkopf auf eine Mauerkante geknallt war. Ein paar Monate davor musste sie ebenfalls ins Krankenhaus. Auf dem Spielplatz hatte sie sich bei einem Sturz von der Schaukel ausgerechnet das rechte Handgelenk gebrochen.

Greta schüttelte sich heftig bei der Erinnerung an Spritzen, Blutabnahmen und die grässlichen Pflaster. Gott, tat das immer weh, wenn diese verflixten Klebedinger wieder von der Haut abgerissen wurden – brrr!

Eine geraume Weile überlegte sie hin und her, dann fasste Greta für sich einen Entschluss: Ina war ab heute nicht mehr ihre beste Freundin, soviel Selbstachtung war sie sich trotz allem schuldig. Doch darüber hinaus aber wollte sie keinem Menschen mehr Dinge antun, die sie für sich selbst hasste und verabscheute!

Spontan nahm Greta ihre überraschte Großmutter in den Arm und drückte sie innig. „Ich danke dir!", flüsterte sie Oma Liesl leise ins Ohr.

Dann schniefte Greta noch einmal kurz auf, zog ihre Schuhe wieder an und rannte durch die offene Küchentür in den Garten hinaus zur Schaukel. Ein bisschen Luft und Bewegung würde ihr jetzt nach der mächtigen Aufregung gut tun!

Zufrieden schaukelnd blickte Greta gedankenvoll einigen vorüberziehenden Wolken am Himmel nach. Was hatte Oma Liesl noch zu ihr gesagt: ‚*Was du nicht willst, das man dir tu´, das füg´ auch keinem anderen zu*'! Ja, diesen einleuchtenden Spruch wollte sie sich für die Zukunft hinter die Ohren schreiben.

Und vor allen Dingen, so überlegte sie weiter, musste sie zukünftig ihre spontanen Ideen besser überprüfen und unbedingt bis zum Ende durchdenken – wegen der möglichen Konsequenzen nämlich!

‚Jedes Unglück beginnt mit einem Vergleich' oder
‚Jedes Ding hat zwei Seiten'

Es war ein wunderbarer Frühlingsmorgen. Ein leichter Wind wehte durch die Bäume, die Sonnenstrahlen wärmten bereits, und die Vögel zwitscherten in den Büschen des aufblühenden Gartens. Ein weißes Taubenpärchen saß gurrend auf dem Terrassengeländer.

Greta besaß für diese Schönheiten heute keinen Blick. Mürrisch und mit gesenktem Kopf kam sie vom Garten her die Stufen zur Terrasse ihrer Großmutter heraufgetrottet. Oma Liesls schwarzer Pudel Purzel kam ihr schwanzwedelnd entgegen in der Hoffnung, auf eine Streicheleinheit und eine Kleinigkeit zu fressen.

Purzel hatte seinen Namen als tapsiger Welpe bekommen, weil er in Oma Liesls Garten die Böschung zur Terrasse heraufgelaufen war – um dann kurz vor dem Ende des Hügels wieder herunterzupurzeln!

Zu seiner Enttäuschung erhielt der Vierbeiner heute weder ein Leckerchen noch eine Streicheleinheit. Beleidigt trottete Purzel zu seiner Decke zurück und drehte den Kopf weg. Ein kurzes, heftiges Schnauben verriet seinen Unmut über Gretas mangelnden Liebesbeweis.

Die Großmutter kam gerade durch die Wohnzimmertür auf die Terrasse, in ihrer Hand ein Tablett mit Milch und Marmorkuchen. „Frisch gebacken, meine Liebe!" Oma Liesl stellte die Sachen auf den Tisch. „Der Kuchen ist noch lauwarm, so schmeckt er besonders gut. Nimm dir ein Stück." Sie schob ihrer Enkelin einen Teller hin.

Die aber räumte den angebotenen Teller nur lustlos zur Seite und stützte ihre Ellbogen, den Kopf zwischen die Hände genommen, auf den Gartentisch. „Ich habe keinen Hunger!", maulte Greta und fuhr sich heftig mit den Fingern durch ihre zerzausten Haare.

„Na so was! Was ist denn los mit dir?" Oma Liesl schaute überrascht. Dass Greta keinen Marmorkuchen essen wollte, kam sehr, sehr selten vor; aber wenn, dann hatte es etwas sehr Schlechtes zu bedeuten!

„Du wirst doch hoffentlich nicht krank werden?" Prüfend legte sie ihre Hand an Gretas Stirn, um sicherzugehen, dass sie kein Fieber hatte. „An so einem strahlenden Morgen wie heute wäre es ein Jammer, den Tag womöglich im Krankenbett verbringen zu müssen." Oma Liesl zog ihre Hand zurück. Gott sei Dank, dachte sie, keine erhöhte Temperatur.

„Ist mir doch egal!", reagierte Greta ziemlich patzig. „Es ist sowieso alles doof und ööööde!" Oje, so ein langes ö; Oma Liesl machte sich nun doch ernsthaft Sorgen.

„Nun mal raus mit der Sprache: Was ist los?", forderte sie ihre Enkelin energisch zum Reden auf.

Es dauerte eine kleine Weile, dann aber brach es aus Greta heraus. „Ich bin hässlich!" Dicke Tränen kullerten jetzt an ihren Wangen herunter.

„Hu-huuuu, ja, soo hässlich! Alle sind viel schö-hööner und hübscher als ich!" Heftig schluchzend sprang sie auf und rannte ungestüm in den Garten, auf den hübsch angelegten Seerosenteich zu.

Erschrocken und sich rasch auf ihren Gehstock stützend, eilte die Großmutter, so gut es ging, hinter Greta her. Sie war schließlich nicht mehr die Jüngste!

Als sie Greta erreichte, hatte die sich schon ein kleines bisschen beruhigt. Sie schniefte und Oma Liesl, wie immer bestens versorgt mit allem Notwendigen in ihrer Jackentasche, reichte ihrer Enkelin ein Taschentuch.

„Aber mein liebes Kind", fragte die alte Dame verwundert, „warum findest du dich denn hässlich?" Greta putzte sich heftig und, wie Oma Liesl fand, ein bisschen *sehr* lange ihre Nase.

Es dauerte etwas, doch dann fasste sich Greta ein Herz. Von kleinen Schluchzern unterbrochen, erzählte sie von ihrem Kummer.

„Die Erwachsenen schneiden mir immer meine Haare kurz, obwohl ich lange Haare viel schö-hööner finde. Sie meinen, dann würden die Haare besser wachsen und mit der Zeit kräftiger werden. In Zukunft hätte ich dann viel schö-höönere Haare!"

Nach kurzem Zögern änderte Greta plötzlich ihren Tonfall und fauchte Oma Liesl an: „Ich will aber *jetzt* lange und schöne Haare haben, verstehst du mich?! Vera aus meiner Klasse hat *immer* lange und kräftige Haare; und die Jungs finden sie deswegen natürlich alle viel hübscher als mich – und das ist voll blööd!"

So, nun war es endlich heraus! Greta sackte förmlich in sich zusammen; erneut entfuhr ihr ein heftiger Schluchzer. Sie warf sich in die Arme der Großmutter, die sie fest an sich drückte.

Nach einer geraumen Weile hatte sich Greta beruhigt und streichelte Purzel, der schon seit einiger Zeit vor ihr gesessen hatte. Er legte seinen Kopf schief und musterte Greta mit seinen klugen, braunen Augen. „Bist du okay?", schienen sie zu fragen.

Greta fühlte sich durch seinen Anblick getröstet und lächelte.

„Ich kann sehr gut verstehen, wie du dich fühlst, meine Liebe!" Die alte Dame strich beruhigend über die verschwitzten und zerzausten Haare ihrer Enkelin. *‚Jedes Unglück beginnt mit einem Vergleich'*, sagt man; und da steckt viel Wahrheit drin."

Sie hob Gretas Kopf und schaute ihr liebevoll in die Augen. Dann stand sie langsam auf.

„Komm mein Schatz! Lass´ uns auf die Terrasse zurückgehen und schauen, ob Purzel etwas von meinen Kuchen übriggelassen hat. Was hältst du davon?"

Als die beiden ein paar Minuten später am Tisch saßen und Greta sich nach der heftigen Aufregung hungrig über ein dickes Stück Marmorkuchen hermachte, kam die Großmutter auf ihren Gedanken zurück.

„Weißt du," begann sie, „als Kind wollte ich früher, genau wie du, häufig jemand anderes sein und habe alle und jeden beneidet. Damals besaß meine Mutter nur sehr wenig finanzielle Mittel, um meine Geschwister und mich zu versorgen. Mein Taschengeld musste ich mir selbst verdienen, während die anderen Kinder Taschengeld von ihren Eltern erhielten.

Zudem trugen die meisten von meinen Schulkameradinnen vielfach teure Kleidung und besaßen mehr Spielzeug als ich. Meine Freundin, die ich wegen ihrer blonden Haare glühend beneidete, sah nach meiner Meinung viel besser aus, während ich mich neben ihr wie eine graue Maus fühlte."

Greta bekräftigte die Worte ihrer Großmutter mit einem entschiedenen „Das kenne ich!", und nahm sich ein weiteres Stück Kuchen.

Oma Liesl fuhr fort. „Grundsätzlich schaute ich immer auf das, was *andere besser* konnten und auf das, was sie *mehr hatten* als ich. Nur: Diese Art der Sichtweise und mein Neid auf jede und jeden haben mich auf die Dauer nicht glücklich, sondern im Gegenteil – sehr unglücklich werden lassen!"

Die alte Dame schwieg und schaute auf einen unsichtbaren Punkt am Horizont, vollständig in ihre Gedanken versunken.

„Und was hast du dann verändert?", erkundigte sich Greta nach einer kleinen Weile, ganz betroffen, denn in dieser Art und Weise hatte sie ihre Großmutter noch nie über sich selbst reden gehört. Greta kannte ihre Oma Liesl nur als fröhlichen, humorvollen und freundlichen Menschen; Neid und Missgunst hingegen schienen ihr doch stets fremd gewesen zu sein. Hatte sie sich so getäuscht?

Langsam kam wieder Leben in Oma Liesl, und sie wand sich lächelnd ihrer Enkelin zu. Die kleinen, wachen Augen blitzten hinter ihrer runden Nickelbrille. Energisch richtete sie sich auf.

„Was ich verändert habe? Das kann ich dir sagen, mein liebes Kind: Anstatt meine Blicke auf andere zu richten, mich zu vergleichen und damit zu beschäftigen, was ich *nicht* habe und *nicht* bin, habe ich meine Blickrichtung geändert – und damit den Blick auf mich selbst gerichtet!"

Oma Liesl machte eine bedeutungsvolle Pause, bevor sie weitersprach. „Es ist wie bei einer Münze: *‚Jedes Ding hat zwei Seiten'.* Keine Sache der Welt hat nur Vorteile – oder nur Nachteile! Also fing ich an, über meine eigenen Stärken und Neigungen nachzudenken. *Jeder* Mensch besitzt ein Talent! Es ist fraglos eine herausfordernde Aufgabe – aber es lohnt sich, die eigenen Fähigkeiten herauszufinden, sie weiter zu entwickeln und sie fortan für sich und vielleicht auch für andere einzusetzen!"

Oma Liesl hatte äußerst engagiert gesprochen. Ein wenig außer Atem geraten, schnäuzte sie sich erst einmal ihre Nase. Greta spürte, wie sehr ihrer Großmutter dieses Thema am Herzen lag und was es ihr bedeutete.

„Hast du denn deine … Talente gefunden?", fragte sie zögernd. „Und… fühltest du dich dann glücklicher"?

Die alte Dame räusperte sich kurz, dann lachte sie fröhlich auf. „Ja, was glaubst du wohl? Welchen Eindruck mache ich denn auf dich?", entgegnete Oma Liesl mit Nachdruck und einem vergnügten Augenzwinkern. Sie nahm sich jetzt ebenfalls ein großes Stück Kuchen vom Teller.

Greta musterte die alte Dame mit prüfendem Blick und grübelte. Als einziges Mädchen in ihrer Jungenbande, und darauf war sie mächtig stolz, wurde sie von der Clique gerade deshalb akzeptiert, weil sie unkompliziert und viel abenteuerlustiger war als ihre Schulkameradinnen.

Außerdem hielten manche Erwachsenen sie mit ihren kurzen Haaren oft für einen Jungen. Greta musste grinsen. Ja, das war in der einen oder anderen Situation schon recht vorteilhaft gewesen. Manchmal klingelten sie beispielsweise an Haustüren und Greta freute sich diebisch, wenn die Erwachsenen genervt reagierten und „Immer diese Jungs!" riefen. Nun ja, sicherlich keine Glanztat und sie hatte immer auch ein bisschen ein schlechtes Gewissen dabei. – Aber witzig und spannend war es trotzdem!

Jetzt, wo sie länger darüber nachdachte, erkannte Greta plötzlich ein Talent von sich: *Keiner* in ihrer Klasse konnte so schnell laufen und rennen wie sie! Beim jährlichen Sportwettbewerb war sie bis heute in dieser Disziplin ungeschlagen und wurde von allen in der Schule darum beneidet.

Schlussendlich kam Greta für sich zu einem Ergebnis und wand sich wieder beherzt ihrer Großmutter zu. „Liebe Oma Liesl, nach wie vor hätte ich gerne so wunderschöne Haare wie Vera. Ehrlich gesagt: Ich fürchte, dass ich vorerst noch ein wenig neidisch darauf bleibe."

Hier musste Greta kurz schlucken, bevor sie in einem energischen und selbstbewussten Ton weitersprach.

„Trotzdem kann ich mir vorstellen, eine, wie du sagst, andere Blickrichtung einzunehmen und mehr auf mich und meine Stärken zu schauen. Tatsächlich scheint es mir nach unserem Gespräch wenig sinnvoll zu sein, immer sofort Vergleiche zu ziehen, ob andere nun *mehr* haben oder ob sie *besser* sind als ich. Ich habe jedenfalls keine Lust, unglücklich zu werden, das ist mal so *‚klar wie Kloßbrühe'*!", lachte Greta. Sie liebte diesen Vergleich!

Entschlossen stand sie auf und ging um den Tisch herum. Verschmitzt flüsterte sie Oma Liesl ins Ohr: „Mir ist im Übrigen gerade eingefallen, dass Vera mich immer für meine Abenteuer und Ausflüge mit den Jungs aus meiner Clique beneidet – weil sie nämlich nie gefragt wird!", fügte sie hastig und errötend hinzu.

Mit einem Seufzer der Erleichterung und einem raschen Seitenblick auf ihre Großmutter nahm Greta sich das letzte Stück Marmorkuchen. Dann scheuchte sie den überraschten Purzel von seiner Decke auf und lief laut und fröhlich singend mit ihm in den Garten hinaus.

‚Wer einmal lügt, dem glaubt man nicht, und wenn er auch die Wahrheit spricht' oder *‚Lügen haben kurze Beine'*

Greta liebte Bücher! Egal, wie dick oder dünn, spätestens nach zwei oder drei Tagen waren sie ausgelesen. Am liebsten las Greta spannende Abenteuerbücher; in ihrer Vorstellung erlebte sie sich dann als eine erfolgreiche Verbündete mit den zentralen Hauptfiguren der Geschichten.

Beinahe täglich nahm Greta das Angebot wahr, sich in der nahegelegenen Stadtbücherei „Lesefutter" auszuleihen. Dort war sie schon bekannt wie „ein bunter Hund", so sagten die Erwachsenen mit einem Schmunzeln und die Damen an der Ausleihe freuten sich immer, wenn Greta stolz mit den ausgelesenen Büchern hereinkam und kurz darauf mit einem Stapel neuer Bücher wieder entschwand.

Gleichwohl tauchte des Öfteren ein großes Problem auf: Wenn Greta sich in eine Figur aus einem ihrer Bücher verguckt hatte, benötigte sie unbedingt die nächsten, ach was, *alle* dazugehörigen Bände! Zu Gretas großem Leidwesen waren die Folgebände jedoch meist entweder ausgeliehen oder ein anderer hatte sie schon vorbestellt.

„Unmöööglich!", schimpfte sie dann vor sich hin und stampfte heftig mit dem Fuß auf. Die Erwachsenen erhielten dann erneut einen guten Grund zu bemerken, wie frech und vorlaut sich Greta mal wieder aufführe.

Typisch! Keiner hatte eine Ahnung, welche Qualen es Greta bereitete, auf ihre Bücher warten oder gar verzichten zu müssen. Und wie das so ist, wenn man etwas nicht haben kann, wünscht man sich nichts sehnlicher als genau *das* zu bekommen – und zwar sofort! Greta erging es jedenfalls so. Sie war über ihre Lage keinesfalls glücklich und sehr unzufrieden.

xxx

Neben der Stadtbücherei hatte es Greta die große Buchhandlung im Ort angetan. Das Geschäft war bestens sortiert und Greta konnte sich nie sattsehen an den herrlichen Angeboten. Wann immer es ging, stöberte sie in den Regalen und in den vielerlei Auslagen, nur um zu sehen, welche neuen und spannenden Bücher dort verkauft wurden.

Während sie eines Tages wieder einmal durch das Buchgeschäft nach neuem Lesestoff stöberte und dort die wunderbarsten Abenteuergeschichten entdeckte, kam Greta ein unerhörter und verlockender Gedanke: Was wäre, wenn sie heimlich ein Buch unter ihrer Jacke verschwinden ließe? Sicher würde es bestimmt keinem auffallen; jeder Kunde schaute ja doch nur auf die Bücher oder in die Regale. Keiner von ihnen würde auf ein 9-jähriges Mädchen achten.

Aber ob das wirklich so eine gute Idee war? In Greta stiegen leichte Zweifel auf. Gut, es würde sie keiner fangen können, denn sie lief „schnell wie der Wind", wie ihre Sportlehrer immer sagten. Unter Umständen würde sie jedoch vielleicht ein Besucher erkennen, überlegte Greta weiter und kaute nervös auf ihrer Unterlippe.

Die Stadt war nicht groß; manche sagten, es wäre eher ein Dorf, und irgendwie kannte hier jeder jeden. Wer sie identifizierte, lief mit Sicherheit gleich zu den Erwachsenen, um sie zu verpetzen! Greta hatte viel Fantasie und sie malte sich bereits in Gedanken die Situation in den schwärzesten Farben aus. Die Konsequenzen, die sie auf sich zukommen sah, waren eher abschreckend.

Nee, diese Idee, da war sich Greta jetzt ganz sicher, konnte sie vergessen!

Vielleicht sollte sie sich, wie jeder andere Kunde in dem Geschäft, ein Buch kaufen? Unwillkürlich griff sie in ihre Jackentasche, holte eine rote Geldbörse hervor, schaute hinein – und seufzte verdrießlich. Ihr Taschengeld fiel einigermaßen spärlich aus und das Geld in ihrem Portemonnaie reichte gerade für ein paar Bonbons aus dem Kiosk gleich nebenan.

Nee, stöhnte sie innerlich, das wäre zwar eine gute, aber leider derzeit ebenfalls eine unrealistische Idee!

„Es ist einfach zu blööde!", rief sie ungehalten, und einige Leute drehten sich stirnrunzelnd nach ihr um. „Ja, guckt ihr ruhig!", brummelte Greta. Ziemlich schlecht gelaunt verließ an diesem Tag ein 9-jähriges Mädchen mit hängendem Kopf das Buchgeschäft.

xxx

Der nächste Besuch bei ihrer Großmutter musste auf sich warten lassen, denn Oma Liesl war für zwei Wochen zu einer Freundin in den Schwarzwald gefahren. Greta vermisste sie außerordentlich und konnte ihre Rückkehr kaum erwarten.

Als sich Oma Liesl *endlich* aus ihrem Urlaub zurückmeldete, genossen beide das Wiedersehen in Großmutters Garten bei einer leckeren Tasse Kakao.

„Mein liebes Kind", bat Oma Liesl gerade, „könntest du bitte schnell einmal ins Haus zurücklaufen und mir meine Lesebrille aus der Diele holen? Sie müsste auf der Spiegelkonsole liegen. Entschuldige, aber ich habe vergessen, sie mitzunehmen. Ich möchte dir doch so gerne meine Fotos zeigen, die ich im Urlaub gemacht habe."

Greta folgte der Bitte ihrer Großmutter gern und flitzte schnell über die Terrasse ins Haus zurück.

Als sie gut gelaunt und ein Liedchen vor sich hin pfeifend in die Diele kam, sah Greta die Brille sofort und nahm sie flott in die Hand. Schon wollte sie eilig zurücklaufen, da fiel ihr Blick auf die leicht geöffnete Handtasche von Oma Liesl. Und das Portemonnaie ihrer Großmutter lag sichtbar obenauf!

Wie angewurzelt blieb Greta stehen, magisch von der geöffneten Tasche und der Geldbörse angezogen. Scheu blickte sie sich um. Es war still im Haus. Lediglich das fortwährende Ticken der Wohnzimmeruhr war zu hören.

Für einen Moment stand Greta unschlüssig vor der Tasche – dann aber siegte ihre Neugier. Hastig legte sie die Brille zur Seite, nahm das Portemonnaie heraus und schaute hinein. Etwas Kleingeld und einige 10-€ Banknoten befanden sich darin. Da würde das Fehlen *eines* Scheins bestimmt kaum auffallen, vermutete sie.

Und wie von Geisterhand geführt, verschwand der Schein blitzschnell in Gretas Hosentasche.

xxx

Am darauffolgenden Nachmittag erlebte Oma Liesl eine gutgelaunte Greta, die sie mit einem neuen Buch in der Hand besuchte. Frischer Apfelkuchen mit dicken Streuseln, dazu einen großen Becher mit leckerem Kakao und Sahnehäubchen – Herz, was willst du mehr! Gerade als Greta sich mit ihrem neuen Buch zum Lesen in den Garten zurückziehen wollte, hielt die Großmutter sie am Arm zurück.

„Sag´ mal, meine Liebe, hast du vielleicht einen 10-€ Schein in meiner Wohnung gefunden? Ich bin gestern noch bei der Bank gewesen und weiß genau, dass ich *drei* davon in mein Portemonnaie gesteckt habe. Vorhin habe ich hineingeschaut, weil ich einkaufen wollte und finde jetzt lediglich zwei 10-€ Scheine in meiner Geldbörse. *Ein* Schein muss mir also hier irgendwo herausgefallen sein. Kannst du mir bitte einmal suchen helfen?"

Starr vor Schreck blieb Greta stehen. Ihr wurde plötzlich schwindelig und leichte Übelkeit stieg in ihr auf.

„Kind, du bist ja ganz blass geworden!" Sorgenvoll blickte Oma Liesl zu ihrer Enkelin hin. „Du Ärmste, hast du dich so erschreckt? Ach, so schlimm ist der Verlust nun auch wieder nicht", versuchte die alte Dame Greta zu beruhigen. „Es wäre nur schön, wenn der Schein wieder auftaucht, denn für Purzel muss ich dringend Futter einkaufen; deswegen hatte ich extra mehr Geld von der Bank geholt."

Kopfschüttelnd ging die alte Dame ins Wohnzimmer zurück, um weiter nach dem Geldschein zu suchen.

„Nein, liebe Oma Liesl, leider habe ich keinen 10-€-Schein gesehen!", rief ihr Greta extra laut hinterher. Sie hatte Angst, sich sonst mit ihrer zittrigen Stimme zu verraten. „Selbstverständlich helfe ich dir suchen."

Puh, das war gerade noch einmal gut gegangen! Trotzdem fühlte sich Greta sehr schlecht. Zum allerersten Mal in ihrem Leben hatte sie ihre geliebte Großmutter angelogen und wusste im Moment nicht, was schlimmer war – ihre Lüge oder ihr dreister Diebstahl!

Das Buch in ihren Händen, dass sie sich heute in der Buchhandlung von dem gestohlenen Geld gekauft hatte, wog auf einmal schwer wie Blei. Gretas gute Laune war blitzartig verflogen und ihr Mund fühlte sich ausgetrocknet an. Sie brauchte dringend etwas zu trinken!

Im Badezimmer nahm Greta einen großen Schluck aus dem Wasserhahn und wusch sich das Gesicht. Beim Abtrocknen schaute sie in den Spiegel. Der schien auf einmal sprechen zu können:

„Meine liebe Greta! Was bist *du* denn für eine? Du bestiehlst und belügst deine geliebte Oma Liesl – den Menschen, der dir so viel bedeutet? Der immer für dich da ist, wenn es dir schlecht geht? Der dir den leckersten Marmorkuchen der Welt backt? Ja, *schämst* du dich denn überhaupt nicht?"

War das tatsächlich der Spiegel, der da sprach? Oder ihr schlechtes Gewissen? Greta atmete ein paar Mal tief durch. Dann kam sie zu einem Entschluss.

„Vergiss´ es!", zischte sie ihr Spiegelbild erbost an. „Ich werde jetzt mal ‚*Butter bei die Fische*' geben!" Oma Liesl benutzte den Ausdruck gern, wenn es galt, Klartext zu reden und unliebsame Wahrheiten auszusprechen. Sie musste sich jetzt überwinden, koste es, was es wolle. Ihrer Großmutter könnte sie sonst nie mehr unter die Augen treten.

Greta schlich mit gesenktem Kopf ins Wohnzimmer zurück. Dort drehte Oma Liesl gerade zum wiederholten Male auf dem Sofa ein Kissen nach dem anderen um.

„Liebes Omilein", nuschelte Greta mit gedämpfter Stimme. Das sagte Greta immer dann, wenn sie ein sehr, sehr schlechtes Gewissen hatte. „Du kannst aufhören zu suchen!"

Sofort schaute Oma Liesl erfreut auf. Greta zerriss es fast das Herz, die alte Dame so zu sehen. Ihr Mund schien erneut ausgetrocknet zu sein.

„Liebes Omilein, ich muss dir etwas Schlimmes beichten!" Die Großmutter setzte sich leicht überrascht auf das Sofa und schaute ihrer Enkelin erwartungsvoll ins Gesicht. Nach einer kurzen Pause fuhr Greta mit vibrierender Stimme fort.

„Du weißt doch, dass ich so gerne Abenteuerbücher lese, nicht wahr?" Oma Liesl nickte zwar, schaute dennoch leicht verständnislos. Aber sie schwieg und wartete einfach ab.

Himmel, wie konnte Greta ihre Missetat der Großmutter nur am besten erklären? Verzweifelt und nervös trat sie von einem Bein auf das andere.

„Weil ich aber doch so schnell lese", versuchte es Greta weiter, „brauche ich immer wieder rasch ein neues Buch. In der Bücherei muss ich aber oft lange warten, bis das Buch, welches ich gerne haben möchte, zurückgegeben wird. – Verstehst du das?"

Die Großmutter nickte mitfühlend und blickte ihre Enkelin aufmunternd an. Greta fasste sich ein Herz. Es musste heraus – jetzt oder nie!

„Ich würde mir ja gerne ein Buch kaufen; leider reicht aber dafür mein Taschengeld einfach nicht aus. Als ich dann gestern in der Diele für dich die Brille suchte, lag dort auch deine Handtasche. Sie war offen und deine Geldbörse lag obenauf." Greta flüsterte jetzt. Am liebsten wäre sie sofort aus dem Raum gelaufen oder im Erdboden verschwunden.

„Als ich gesehen habe, dass da mehrere Geldscheine in deinem Portemonnaie lagen…", Greta zögerte, „… hoffte ich, es würde dir weiter nicht auffallen, wenn ein Schein fehlt. Und dann… dann", stotterte Greta, „… dann habe ich mir einen 10-€ Schein aus deinem Portemonnaie genommen und mir heute dieses Buch dafür gekauft." Den letzten Satz hatte Greta hastig und fast nur noch flüsternd gesprochen.

Endlich war es heraus! Greta schluchzte heftig auf. Am ganzen Körper zitternd stand sie da wie ein begossener Pudel. „Oh, liebes Omilein, entschuldige bitte, es tut mir soooo leid!", setzte sie noch mit tränenerstickter Stimme hinzu.

Nachdem sie der Großmutter ihren Diebstahl gebeichtet hatte, herrschte zunächst entsetzliche Stille. Greta schwieg bedrückt, Oma Liesl ebenfalls. Selbst Purzel hatte sich auf seine Decke verzogen und den Kopf abgewandt.

Tränenüberströmt stand Greta bewegungslos im Raum und schaute Oma Liesl ängstlich an. Wie würde sie reagieren? Greta wagte kaum zu atmen.

Die alte Dame stand schwerfällig auf. Langsam ging sie wortlos an Greta vorbei in die Küche und setzte Wasser für einen starken Kaffee auf. Greta folgte ihr. Stumm blieb sie an der Küchentür stehen.

Nach einer Weile, die Greta wie eine Ewigkeit vorkam, drehte Oma Liesl sich zu ihrer Enkelin um. „Mein liebes Kind", sagte sie mit rauer Stimme, räusperte sich, holte ein Taschentuch aus ihrer Schürze und schnäuzte sich kurz die Nase.

„Nein, das war keine Glanztat von dir und ich bin herzlich traurig darüber!" Oma Liesl schüttelte ihren Kopf, selbst der kleine Dutt obendrauf wackelte bekümmert.

Forschend blickte sie ihre Enkelin an. „Weißt du", sprach Oma Liesl kurz darauf weiter, „mir kommt gerade ein Spruch in den Sinn, nämlich ‚Lügen haben kurze Beine'! Diese Redewendung hast du vermutlich schon einmal gehört?"

Greta schüttelte verständnislos den Kopf. Nein, diesen Satz hatte sie noch nie gehört. „Was bedeutet er?", fragte sie vorsichtig und gleichzeitig skeptisch nach; denn das ihre Lügen Beine hatten, das kam ihr dann doch ziemlich unwahrscheinlich vor.

„Diese Redewendung bedeutet, dass man mit der Wahrheit meistens schneller weiterkommt als mit einer Lüge." Oma Liesl machte eine bedeutungsvolle Pause.

Oje, das klang gar nicht gut! Greta sank in sich zusammen wie ein kümmerliches Häufchen Elend. Am liebsten wäre sie erneut davongelaufen.

„Und daher bin ich...", die alte Dame räusperte sich geräuschvoll, „...trotz allem auch ein wenig stolz auf dich!" Sie machte wiederholt eine kleine Pause, bevor sie ruhig weitersprach.

„Was ich meine, ist Folgendes: Es ist sehr *mutig* von dir, mir die Wahrheit zu sagen. Ich weiß, sich nach einer Lüge bei dem betroffenen Menschen zu entschuldigen und für seine Schuld einzustehen ist schwer – viel schwieriger, als immer weiter zu lügen."

Greta vermied es, ihre Großmutter anzuschauen. Oma Liesl atmete tief durch und putzte sich nochmals kräftig ihre Nase, bevor sie fortfuhr.

„Ein weises Sprichwort aus dem Volksmund sagt dazu: *‚Wer einmal lügt, dem glaubt man nicht, und wenn er auch die Wahrheit spricht'!* Verstehst du den tieferen Sinn hinter diesem Gedanken, worum es hier geht? – Nein? – Es ist das *Vertrauen*, welches du mit einer Lüge zerstörst und verlierst; und welches dir die Menschen zunächst entgegenbringen, weil sie dich respektieren, schätzen und liebhaben."

Wie zur Bestätigung der Aussage von Oma Liesl ertönte in diesem Moment der dunkle Gong der alten Standuhr und schlug die volle Stunde an. Als er verklungen war, fuhr die Großmutter fort.

„Vertrauen und Liebe sind jedoch die wertvollsten Geschenke, die wir anderen geben können. Warum? Weil sie nämlich mit *keinem Geld der Welt* zu bezahlen sind, darum!"

Aufmerksam hatte Greta zugehört. Hatte sie nun beides durch ihr dummes und eigennütziges Verhalten aufs Spiel gesetzt? Könnte die Großmutter ihr jemals verzeihen? Unglücklich schüttelte sie den Kopf.

Plötzlich legte die alte Dame sanft ihre Hand auf Gretas Schulter. „Hör zu, mein Kind!" Ihre Stimme klang jetzt warm und freundlich. „Was das Geld angeht, das kannst du mir später zurückzahlen." Greta hob überrascht den Kopf. Mit einem hoffnungsvollen Blick schaute sie ihre Großmutter an.

„Ich hätte da sogar schon eine Idee!" Oma Liesl schüttete das bereits heiß gewordene Wasser auf das Kaffeepulver in ihrer Tasse und setzte sich damit an den Küchentisch. Greta tat es ihr zögernd nach. Gespannt wartete sie auf das, was die Großmutter ihr zu erzählen hatte.

„Wie wäre es, wenn du mir ab und zu im Garten zur Hand gehst?", fragte die alte Dame und schlürfte vorsichtig an ihrem Kaffee. „Mir fällt es nämlich immer schwerer, mich zu bücken und dort Ordnung zu halten. Das Unkraut nimmt auf mich leider keine Rücksicht und wächst weiter, wie und wo es will. Ehrlich gesagt: Ich könnte deine Hilfe bei meiner Gartenarbeit sehr gut gebrauchen!"

Oma Liesl lächelte Greta aufmunternd zu. „Du kannst dir bei mir ein bisschen Taschengeld für deine Bücher verdienen; und wenn es mal knapp wird, dann lege ich den Rest dazu. So könnten wir, wie sagt man so schön, *zwei Fliegen mit einer Klappe schlagen* und uns beiden wäre geholfen. Was meinst du dazu? Hättest du Lust?"

Für einen Moment sah Greta ihre Großmutter sprachlos und mit offenem Mund an. Hatte sie richtig gehört? Konnte das wahr sein?

Mit einem Mal sprang sie erleichtert vom Stuhl auf und warf sich euphorisch ihrer geliebten Oma Liesl an die Brust. „Da fragst du noch, liebste Oma Liesl? Ja klar, gerne helfe ich dir! Was für eine fabelhafte Idee, vielen, vielen Dank!"

Fast wären sie beide mit dem Stuhl umgefallen, so stürmisch hatte Greta ihre Großmutter umarmt. Zum Glück konnten sie sich noch rechtzeitig am Küchentisch festhalten. Um die noch leicht wackelnde Kaffeetasse herum hatte sich allerdings eine kleine Pfütze gebildet.

„Pst", flüsterte Greta plötzlich, legte einen Finger vor den Mund und lauschte. Oma Liesl schaute Greta überrascht und leicht irritiert an.

„Hast du denn gar nichts gehört, liebe Oma Liesl?", fragte Greta verschmitzt. Die Großmutter schüttelte hilflos ihren Kopf.

„Na, hast du nicht die vielen Steine herunterplumpsen gehört, die mir vom Herzen gefallen sind?"

Lachend fuhr Oma Liesl mit ihrer Hand durch Gretas Haare und drohte augenzwinkernd mit dem Zeigefinger.

Gott sei Dank, dachte Greta erleichtert – alles hatte sich doch noch zum Guten gewendet!

‚Was du heute kannst besorgen, das verschiebe nicht auf morgen' oder ‚Carpe Diem'

Die Tür zu Oma Liesls Küche flog auf und knallte gegen die Wand! Greta stürzte herein, schmiss ihre Schulsachen in die Ecke und rannte erst einmal zum Kühlschrank. Sie hatte riesigen Durst und riss ungestüm die Kühlschranktür auf. Die Flaschen in der Seitentür rappelten bedrohlich, ein rohes Ei flog aus seiner Halterung und – platsch – auf den Boden.

Erschrocken sprang Greta zurück. Oje, der glibberige Eiermatsch und die Schalen bedeckten den halben Küchenboden. Greta schüttelte sich. Wie sollte sie diesen ekelhaften Schalen-Eier-Schlamassel wegwischen, bevor ihre Großmutter das Malheur bemerkte? Sicher wäre sie gar nicht erfreut.

Die Lösung für dieses Problem sprang fröhlich herbei – Purzel, Oma Liesls süßer schwarzer Pudel! So eine gute Gelegenheit zu einer kleinen Nebenmahlzeit ließ er sich natürlich nicht entgehen. Im Nu schlabberte er den Eiermatsch ratzeputz weg; selbst von den Schalen war kaum noch etwas zu sehen.

Erleichtert nahm sich Greta rasch ein Taschentuch, hielt es unter den Wasserhahn und beseitigte flott die allerletzten Spuren ihres Missgeschicks. Purzel leckte sich mit Genuss seine Schnauze und bekam rasch eine Streicheleinheit von Greta.

Zufrieden mit dem Ergebnis nahm sie sich, nun allerdings etwas vorsichtiger, eine Wasserflasche aus dem Kühlschrank.

„Nanu, du bist schon aus der Schule zurück?" Die Großmutter stand plötzlich im Türrahmen und schaute überrascht. Greta erschrak heftig und vermutete sofort, dass Oma Liesl schon länger dort gestanden und möglicherweise alles mitbekommen hatte.

„Ja, wir haben heute hitzefrei und morgen fällt der Unterricht ebenfalls aus, ist das nicht wunderbar?", sprudelte es daher schnell aus Greta heraus.

„Soso, das ist ja tatsächlich eine schöne Nachricht bei der Hitze!", erwiderte Oma Liesl verständnisvoll. „Hast du denn stattdessen Schulaufgaben aufbekommen?", fragte sie interessiert nach. Greta ging derweil an den Küchenschrank, nahm sich zwei frische Gläser heraus, stellte sie auf den Küchentisch und schenkte jedem von ihnen etwas Wasser ein.

„Och ja, aber die mache ich später", antwortete Greta fröhlich. Rasch trank sie ihr Glas leer und rannte dann mit Purzel in den Garten, um mit ihm ein bisschen herumzutollen. Sie hatte keine Lust, sich bei der Hitze Gedanken um die Schule, um Hausaufgaben – oder gar um das kaputte Ei zu machen.

Obwohl sie sehr freundlich mit ihr gesprochen hatte, schwante Greta nämlich, dass Oma Liesl ihr Missgeschick doch bemerkt hatte!

Der Nachmittag verging wie im Flug. Die Sonne schien wunderbar; Greta und Purzel tollten ausgelassen auf der bunten Blumenwiese herum. Am Teich waren die Kaulquappen geschlüpft und die Libellen flogen mit ihren glitzernden Flügeln wie kleine Starfighter über das Wasser, um sich Mücken zu fangen.

Die Großmutter hatte ein schmackhaftes Mittagessen gekocht und zudem süße Schokomakronen gebacken. Diese standen auf der Liste von Gretas Lieblingsgebäck ebenfalls ganz weit oben.

Nun, an diesem Tag sprach jedenfalls keine von den beiden mehr über die Schule oder gar von Hausaufgaben.

xxx

Tags darauf besuchte Greta ihre Großmutter erst am späten Nachmittag. Sie hatte die freie Zeit genutzt und sich einmal ausgiebig ausgeschlafen.

„Hallo mein Schatz!", rief Oma Liesl der hereinstürmenden Greta zu. „Schön, dass du kommst. Ach, übrigens: Deine Schultasche liegt noch dort in der Ecke; du hast gestern vergessen, sie mitzunehmen. Kommst du, um deine Hausaufgaben hier zu erledigen?"

Greta stutzte. An ihre Hausaufgaben hatte sie seit gestern nicht mehr gedacht. „Och nööö", stöhnte sie mit leidendem Tonfall auf. „Dazu habe ich jetzt aber überhaupt null Bock!"

Oma Liesl wollte gerade etwas dazu sagen, da grinste Greta ihre Großmutter spitzbübisch an.

„Ich sag' dir mal was: Ich habe nämlich *viel* Zeit! Und weißt du auch, warum? In der Schule haben wir einen supergutesn Spruch gelernt: ,*Was du heute kannst besorgen, das verschieb' getrost auf übermorgen*' – und übermorgen ist ja erst in zwei Tagen!", rief sie übermütig und hatte schon die Tür zum Garten in der Hand, um mit Purzel zu spielen.

Doch sie hatte nicht mit ihrer Großmutter gerechnet! Schneller, als Greta es ihr jemals zugetraut hätte, hob Oma Liesl ihren Stock und drückte mit der dicken Gummispitze die schon halb geöffnete Tür wieder zu. Greta sprang verblüfft zur Seite.

„*Eine Sekunde*, mein Fräulein!" Mit erhobener Stimme forderte die Großmutter ihre Enkelin auf, ihr zu folgen und sich einen Moment zu ihr in die Küche zu setzen. Der energische Ton in Oma Liesls Stimme duldete in diesem Moment keinen Widerspruch!

Missmutig und mit schmollend vorgeschobener Unterlippe trottete Greta ihrer Großmutter hinterher und setzte sich genervt an den Küchentisch. Was kam denn nun schon wieder?

„Ich kenne diesen Satz anders!", widersprach die alte Dame und schob Greta einen Teller mit Schokomakronen zu, den sie dort kurz zuvor hingestellt hatte. Sie wusste eben nur zu genau, was ihre Enkelin mochte. ‚*Mit Speck fängt man Mäuse*', dachte sie insgeheim und musste ein Lächeln unterdrücken.

„Überleg' doch einmal, mein Liebes", sprach sie nun mit besänftigender Stimme. „Heute haben wir Dienstag, richtig? – Gut! Wenn ich deinen Satz richtig in Erinnerung habe, dann würdest du übermorgen, also am Donnerstag, deine Schulaufgaben erledigen, kommt das hin?"

Greta nickte ungeduldig. Worauf wollte Oma Liesl hinaus?

„Stellen wir uns beide nun vor, es wäre heute schon dieser Donnerstag: Was würdest du tun? Wann willst du jetzt deine Aufgaben erledigen? Verschiebst du alles erneut auf übermorgen?"

Wenn Oma Liesl so mit ihr redete, dann war da garantiert irgendwo ein Haken, mutmaßte Greta. Sie öffnete schon den Mund, um etwas zu erwidern, aber Oma Liesl wartete ihre Antwort gar nicht erst ab.

„Denk' weiter nach", meinte sie seelenruhig. „Zu der einen unerledigten Hausaufgabe von Dienstag wird möglicherweise morgen am Mittwoch eine neue – vielleicht werden sogar weitere Aufgaben hinzukommen. Was wird wohl passieren, wenn du deine Verpflichtungen abermals und von Neuem verschiebst?"

Die Großmutter nahm sich eine Makrone vom Teller, lehnte sich zurück und schaute Greta genießerisch kauend an. Durch ihre runden Brillengläser blickten zwei sehr wachsame Augen.

Greta wurde es ungemütlich auf ihrem Stuhl. Vor ihrem geistigen Auge sah sie bereits, wie alle Aufgaben sich zu einer gigantischen Welle formierten und sich immer höher und höher vor ihr auftürmten.

Erschrocken über dieses monströse Bild fuhr sie auf und sah zu Oma Liesl. Als wenn sie sich an ihr festhalten wollte, nahm Greta rasch die letzte Schokomakrone vom Teller.

„Was soll ich denn unternehmen?" Kleinlaut geworden, ahnte sie es schon: Die Lösung wäre wahrscheinlich schwieriger, als sie es sich insgeheim wünschte. Missmutig knabberte sie ein wenig Schokolade von der Makrone ab.

„Die Lösung *ist* einfach!" Oma Liesl nahm ihr das Wort aus dem Mund und lächelte verschmitzt. Greta sah ihre Großmutter eindringlich an. Blitzte da etwa Schadenfreude in deren Gesicht auf?

Oma Liesl schwieg erneut und tat weiterhin so, als ginge sie das samt und sonders nichts an. Ihr Verhalten fuchste Greta – die Großmutter ließ sie ja ganz schön zappeln!

Erst nachdem sie das letzten Stück Makrone genüsslich gekaut und heruntergeschluckt hatte, rückte Oma Liesl endlich mit der Sprache heraus. „Man muss wissen, wie der Spruch richtig lautet. Er heißt: ‚*Was du heute kannst besorgen, das verschiebe NICHT auf morgen*'!"

Greta atmete tief durch. Das laute Ticken der betagten weißen Küchenuhr klang in Gretas Ohren wie ein immer wiederkehrendes und spöttisches „Ätsch-Bätsch!"

„Tja, meine Liebe", unterbrach Oma Liesl die Stille mit einem leicht ironischen Unterton, „ich kann es dir nicht abnehmen, aber so ist es nun mal. ‚Carpe Diem'. Übersetzt heißt das: ‚Pflücke den Tag', heutzutage meint man damit eher: ‚Nutze den Tag'!"

Sprach's und grinste. Tatsächlich ein bisschen *sehr* schadenfroh, ärgerte sich Greta und schob ihre Unterlippe schmollend nach vorne.

Nach kurzer Überlegung stand sie jedoch umständlich und mit einem genervten Blick auf ihre Großmutter vom Stuhl auf. Sie hob ihre Schultasche vom Boden auf, hing sie sich widerwillig über die Schulter, schlurfte dann um den Küchentisch herum und blieb mit einem anklagenden Blick vor Oma Liesl stehen.

Beide schauten sich einige Sekunden tief in die Augen, als wollten sie sich gegenseitig bis auf den Grund ihrer Seele blicken. Knisternde Spannung lag in der Luft!

Plötzlich prusteten beide los. Sie lachten und lachten, bis ihnen die Tränen kamen. Der Dutt auf Oma Liesls Kopf wackelte bedenklich. Purzel war vor Schreck aufgewacht und lief aufgeregt bellend durch die Küche. Musste er etwa eingreifen oder jemanden retten?

Atemlos vom vielen Lachen gab Greta ihrer Großmutter liebevoll einen dicken Schmatz auf die faltige Wange; Purzel wurde mit einem Leckerchen und einer kräftigen Streicheleinheit beruhigt.

Dann verlies Greta mit einem übertrieben lauten und tiefen Seufzer die Küche. Okay – sie hatte es begriffen und *ja*, sie würde den

Tag nutzen und ihre Schulaufgaben nun ohne weiteren Aufschub erledigen. Danach würde sie sich aber auf jeden Fall etwas Schönes gönnen, das war ‚*klar wie Kloßbrühe*'!

Auch wenn das Thema mit den Schulaufgaben immer ziemlich nervte, musste Greta sich, wenn auch widerwillig eingestehen: Oma Liesl hatte mit ihren Worten natürlich Recht und abermals ‚*ins Schwarze*' getroffen!

‚Wie man in den Wald hineinruft, so schallt es heraus' oder ‚Der Ton macht die Musik'

Greta wurde es nie langweilig, denn sie hatte viele Hobbys. Würde man sie nach ihrem Lieblingshobby gefragt haben, Greta hätte es nicht sagen können.

Zum einen waren da ihre geliebten Bücher: Die einen gespickt mit Pferdegeschichten und Abenteuern aus dem „Wilden Westen", die anderen mit spannenden Ritter- und Heldensagen. Von den Erwachsenen wurde sie, wenn man sie lesend vorfand, nur „Greta Leseratte" genannt.

Einmal war sogar ihr Lieblingsbuch in die Mülltonne gewandert. Bei einem besonders spannenden Kapitel hatte sie die Zeit völlig vergessen, leider auch den Auftrag, in ihrem Zimmer ordentlich aufzuräumen und Staub zu putzen. Das gab richtig Ärger!

„Unmö-höööglich!" Greta hatte geheult und sich wochenlang über den Verlust ihres geliebten Buches gegrämt. Nie, niemals würde sie darüber hinwegkommen, das stand mal felsenfest!

Wenn Greta gerade einmal kein Buch las, schätzte sie die fröhlichen Ausflüge mit ihrer Jungensclique. Sie kletterten in dem angrenzenden Park mit Vorliebe auf hohe Bäume und besonders gerne auf die von Jägern aufgestellten Hochsitze im Wald.

Manches Mal hockte sie hier auch allein, genoss den wunderbaren Blick über die Landschaft, beobachtete auftauchende Tiere und hatte im Übrigen ihre Ruhe.

Vor allem dann, wenn nach Gretas Meinung mal wieder gänzlich unwichtige Aufgaben von ihr gefordert wurden: Zimmer aufräumen, Staubsaugen, Müll herausbringen und so weiter. Nee, wirklich, das war doch alles Zeitverschwendung!

Und dann gab es da noch ein weiteres Hobby von Greta: Sie liebte alles, was mit Musik zu tun hatte – und sie liebte vor allen Dingen ihre Instrumente!

Im Kindergarten hatte sie bereits Blockflöte spielen gelernt. Die lustigen Noten, die spazieren gingen oder mit Schirmchen dahergeflogen kamen, hatten sie früher immer magisch angezogen.

Dass man mit der Blockflöte erfolgreich die Großen an den Rand eines Nervenzusammenbruchs bringen konnte, wenn man mit voller Kraft in die Flöte hineinblies, empfand Greta jedes Mal ebenfalls als einen für sie herrlichen Nebeneffekt. Dieses Verhalten stieß in der Regel nicht auf Gegenliebe, und so war für Greta der eine oder andere Ärger mit den Erwachsenen auch hier schon wieder mal vorprogrammiert.

Dann, zum Anfang ihrer Schulzeit, fühlte sich Greta zu einem weiteren Instrument hingezogen, der Gitarre. Sie wurde irgendwann einmal im Musikunterricht vorgestellt und Greta war sofort Feuer und Flamme gewesen.

Einerseits gefiel ihr der schöne, warme Klang der Gitarre, der durch die sechs Saiten erzeugt wurde. Fasziniert hatte sie dem Spiel der Schülerin zugehört, die das Instrument mit einem Lied vorgestellt hatte. Andererseits motivierten Greta auch die vielseitigen Möglichkeiten, die man mit diesem Instrument umsetzen konnte.

Endlich, nach heftigem Drängen und Jammern, bekam sie von den Erwachsenen eine Gitarre geschenkt.

Am Anfang entpuppte sich das Üben auf dem Instrument jedoch schwieriger als gedacht! Der Gitarre genauso einen schönen Ton zu entlocken, wie es Greta in Erinnerung hatte, stellte für ihre zierlichen Finger nämlich eine beträchtliche Herausforderung dar.

Häufig ertönten nur viele scheppernde und unangenehm klirrende Nebengeräusche. Mehrere Male schmiss Greta daraufhin die Gitarre frustriert auf ihr Bett und rannte, heftig die Tür hinter sich knallend, aus ihrem Zimmer.

Doch eine besondere Eigenschaft konnte man Greta keinesfalls absprechen: Das war ihre große Willenskraft! Was sie sich einmal in den Kopf gesetzt hatte, das musste ihr auch unbedingt gelingen, koste es, was es wolle. Entschlossen übte sie trotz mancher Rückschläge unermüdlich weiter; mal mit mehr, mal mit weniger Erfolg.

Und Gretas Mühe wurde belohnt!

Mit der Zeit klang die Gitarre immer besser und die Töne auf ihrem Instrument ließen sich durchaus hören. Stolz präsentierte Greta ihrer Großmutter jede Woche eine neue Melodie.

Oma Liesl nickte dann anerkennend und sang, wenn sie die Musik kannte, gerne fröhlich mit.

xxx

„Kannst du dir vorstellen, dass sich unsere Nachbarn über zu laute Musik bei mir beschwert haben?"

Außer sich vor Entrüstung kam Greta vom Garten her auf die Terrasse gelaufen. Purzel sprang freudig bellend an ihr hoch. Vielleicht hatte sie ihm etwas Leckeres mitgebracht?

Greta gab dem bettelnden Hund schnell einen kümmerlichen Klaps und wandte sich direkt ihrer Großmutter zu. Die stellte rasch den Blumentopf zur Seite, den sie gerade mit frischen Blumen neu bepflanzt hatte. Dann nahm sie ihre Enkelin erst einmal in die Arme und strich Greta über das erhitzte Gesicht.

„Hallo mein Schatz und guten Tag. Jetzt beruhige dich doch erst mal! Magst du etwas trinken oder vielleicht etwas essen?", versuchte sie Greta zu besänftigen.

Aber Greta hatte keine Lust, sich zu beruhigen. Sie war auf Krawall gebürstet und *wollte* sich aufregen!

„Das ist blööd und unmöööglich!" Auweia, dachte die alte Dame, so viele ös. Greta jedoch fühlte sich vollauf in ihrem Element.

„Da regen sich die Erwachsenen von nebenan über meinen Gesang und meine Musik auf. Dabei dudeln dort den halben Tag das Radio und der Fernseher, dass man es durch alle Wände hören kann. Letztes Mal haben sie dabei sogar ihren Lautsprecher auf die Terrasse gestellt, stell´ dir das mal vor!"

Greta holte tief Luft. Restlos aufgewühlt redete sie grimmig weiter.

„Gestern bin ich dann echt ausgeflippt. „Macht die Musik leiser oder am besten direkt aus. Das ist ja nicht zum Aushalten!", habe ich die Nachbarn über den Zaun hinweg angeschrien. In dem Moment haben die schön blöd geguckt, sage ich dir."

„Und, wie haben die Nachbarn auf dein tadelndes Verhalten reagiert?", fragte Oma Liesl nach und verkniff sich ein Schmunzeln.

„Man sollte es nicht für möööglich halten: Heute beschweren sich die Nachbarn über *meine* Musik und wollen sie mir sogar verbieten! Dabei habe ich bloß ein paarmal während des Übens die Fenster aufgemacht."

Greta schnappte nach Luft. „Eines wollen wir doch mal klarstellen: *Meine* Musik kann man ja niemals mit *deren* Musik vergleichen. Diese Kulturbanausen!"

Greta hatte sich ganz schön in Rage geredet. So viel Ungerechtigkeit von den Erwachsenen war kaum auszuhalten und es erbitterte sie zutiefst.

Oma Liesl versagte sich erneut ein Lächeln und meinte nur, sie müsse dringend in die Küche, um nach dem Essen zu schauen. Damit drehte sie sich um und ging.

Greta blieb verblüfft und sprachlos zurück. Von ihrer Großmutter hatte sie allerdings eine hundertprozentig andere Reaktion erwartet! So etwas wie Mitleid, in den Arm nehmen und aufs Tiefste bedauern, sich ebenfalls über das doofe Verhalten der Nachbarn aufregen – eben irgendetwas in der Art.

Aber wie reagierte ihre Oma Liesl? Anscheinend absolut desinteressiert ließ sie ihre arme, aufgebrachte, zu Unrecht attackierte Enkelin einfach stehen und ging in die Küche, nur um nach dem Essen zu gucken???

Wie immer, wenn Greta schlechte Laune bekam, schob sich ihre Unterlippe verdächtig weit nach vorne. Sie grollte und ärgerte sich außerordentlich über so eine geringe Anteilnahme für ihre großen Nöte. Wütend über soviel Ungerechtigkeit schmiss sie sich auf die Bank, die neben ihr auf der Terrasse stand.

Na ja, grummelte sie, ihre Großmutter war eben auch *nur* eine Erwachsene, jawoll!

„Hier meine Liebe!" Oma Liesl kam aus der Küche zurück. „Ich habe dir einen leckeren selbst gemachten Vanillepudding mit Erdbeeren und ein Stück Kuchen aus der Küche mitgebracht. Setz dich an den Tisch und nimm dir, was du magst."

Augenblicklich wurde Greta sehr viel nachsichtiger gegenüber ihrer Großmutter! Flott stand sie auf, setzte sich zu ihr an den gedeckten Tisch und griff herzhaft zu. Große Aufregung machte Greta immer hungrig!

Zufrieden betrachtete die alte Dame ihre Enkelin. Sie selbst löffelte ebenfalls einen Pudding und ließ es sich schmecken. Für einen Moment herrschte eine „gefräßige Stille"; so nannte es Oma Liesl immer, wenn bei einem guten Essen eine Pause entstand und keiner redete.

Greta hatte Pudding, Erdbeeren und Kuchen schnell verputzt, schob den Teller von sich weg und schaute ihrer Großmutter auffordernd ins Gesicht.

„Jetzt mal ehrlich, Oma Liesl. Was sagst du zu der ganzen Angelegenheit? Gibst du mir nicht Recht und die anderen sind blöd?"

Die Großmutter betrachtete ihre jetzt schon etwas milder gestimmte Enkelin mit einem durchdringenden Blick und wackelte dabei ein bisschen mit dem Kopf, sodass ihr Dutt auf und nieder tanzte. Das sah lustig aus und Greta musste unwillkürlich lachen.

„Oder denkst du dir gerade etwas Passendes für mich aus? An deinem Gesichtsausdruck erkenne ich doch, dass du wieder mal einen schlauen Spruch für mich hast", neckte sie ihre Großmutter.

Mit gespielter Entrüstung blickte Oma Liesl zu Greta. „Na hör´ mal! So eine vorlaute, freche kleine Göre bist du? Na warte, du kommst mir gerade recht!" Sprach´s und tat, als wollte sie Greta die Ohren langziehen. Beide mussten lachen. Sie kebbelten sich ein paar Minuten, dann wurde die Großmutter wieder ernst.

„Es gibt tatsächlich ein interessantes Sprichwort zu deiner Geschichte, in gewissem Sinne sogar ein musikalisches: *Wie man in den Wald hineinruft, so schallt es heraus*'!"

Fast wie ein Echo, kam es Greta spontan in den Sinn. „Und was bedeutet er?" Oma Liesl suchte nach einer geeigneten Erklärung.

„Also: Wenn wir miteinander sprechen, nennt man das „Kommunikation". Sogar Pflanzen und Tiere können kommunizieren. Du kennst das von Purzel, wenn er gerne etwas zu fressen haben möchte, stimmt´s?" Greta nickte und lachte bei dem Gedanken an Oma Liesls Pudel. Der konnte das wahrhaftig gut!

Eine sogenannte *Kommunikation* unter den Pflanzen schien ihr allerdings unvorstellbar. Allein: Wenn Oma Liesl das sagte, würde es sicher stimmen. Greta nahm sich insgeheim vor, ihre Lehrerin mal dazu zu befragen.

„Entscheidend für unsere Beziehungen zu anderen Menschen ist nicht *was*, sondern *wie* wir miteinander sprechen", führte die alte Dame weiter aus. „In der Sache mag unser Gegenüber ja vielleicht einen verständlichen Anspruch und Recht haben. Schreit man uns allerdings an, fühlen wir uns angegriffen, sind verletzt, werden ärgerlich oder ebenfalls aggressiv."

„Verständlich!" Greta nickte zustimmend. Vor ihrem inneren Auge tauchte erneut die unangenehme Situation mit den wütenden Nachbarn auf.

„Durch verletzendes und aggressives Verhalten jedoch", sprach Oma Liesl weiter, „gerät unser Anliegen, also das, worum es uns eigentlich geht, fast immer in den Hintergrund. Anstatt sich zu einigen, zanken wir uns und es entsteht ein Konflikt, also ein Streit; so, wie es dir jetzt mit deinen Nachbarn passiert ist."

Greta hatte interessiert zugehört und überdachte angestrengt ihre Lage.

Zugegeben: Im Grunde genommen hatte *sie* angefangen und zornig *‚in den Wald hineingerufen'*. Daraufhin mussten die Nachbarn natürlich reagieren und hatten ihrerseits *‚aus dem Wald herausgerufen'*, also *‚herausgeschallt'* – nämlich mit einer Beschwerde über ihre, Gretas Musik!

Genutzt hatte dieses Verhalten tatsächlich keinem. Im Gegenteil: Die nachbarschaftliche Beziehung war jetzt sehr angespannt und bei der nächstbietenden Gelegenheit würde man sich höchstwahrscheinlich erneut anschreien und provozieren.

Schlechte Aussichten, dachte Greta verdrossen!

Letzten Endes, so überlegte sie weiter, musste ihr eigenes Verhalten auf die Nachbarn ja beinahe hysterisch gewirkt haben. Für eine hysterische Zicke jedoch wollte Greta auf keinen Fall gehalten werden. Allein bei diesem Gedanken wurde ihr schon schlecht.

Oma Liesl unterbrach Gretas Grübeleien und tippte ihr auf die Schulter.

„Hör′ zu! Du kannst doch schon prächtig auf deiner Gitarre spielen, wie ich finde." Mit einem liebevollen Lächeln schaute sie ihre Enkelin an, die vor Freude über dieses unerwartete Lob errötete.

„Weißt du noch, wie du anfangs um einen schönen und klangvollen Ton gerungen hast? Wie dich das Schnarren der Saiten genervt hat? Wie du schon aufhören wolltest, weil der Ton oft unsauber klang?"

Greta erinnerte sich mit Schaudern an diese Zeit zurück und nickte.

„Siehst du? Darum sagt man auch ‚*Der Ton macht die Musik*'! Das Wörtchen „Ton" gilt aber noch in einem anderen Zusammenhang. Kennst du das Wort „Umgangston"?"

Greta zog ahnungslos die Schultern hoch. Nein, dieses Wort hatte sie noch nie gehört.

„In dem Wort selbst steckt schon die Lösung: Der Umgang mit dem Ton – also, *wie* du mit deinem Gegenüber sprichst; man sagt zum Beispiel auch, welchen ‚*Ton du am Leib hast*'. Eine aggressive Stimme und ein vorwurfsvoller Tonfall sorgen immer für schlechte Stimmung oder Verstimmtheit."

Unwillkürlich musste Greta an ihre manchmal verstimmte Gitarre denken. Es dauerte dann immer eine Weile, bis sie mit Hilfe eines kleinen, aber sehr praktischen Gerätes die Saiten des Instruments wieder in die richtige Stimmung gebracht hatte.

Oma Liesl verstummte und wartete geduldig, bis Greta ihre Überlegung beendet zu haben schien. Als die sich wieder mit einem interessierten Blick ihrer Großmutter zuwendete, fuhr sie fort.

„Entscheidest du dich jedoch für einen guten, also für einen freundlichen und respektvollen Umgangston, ermöglichst du damit Harmonie und es gelingt dir ein harmonisches Miteinander."

Nach einer kurzen Pause ergänzte sie: „Übrigens: Ist dir aufgefallen, wie oft ich gerade Begriffe aus der Musik verwendet habe?", horchte die Großmutter nach.

Greta schwirrte der Kopf: Stimme, Stimmung, Verstimmung, Ton, Harmonie, harmonisch – alles Begriffe, die sie bisher tatsächlich auch aus dem Musikunterricht kannte.

„Wie schaffe ich es bloß, ein harmonisches Miteinander zu erzeugen?", fragte Greta verunsichert. Sie erinnerte sich, wie viel Zeit sie für einen guten Ton und einen schönen Klang auf der Gitarre investiert hatte. Sollte das im Umgang mit den Erwachsenen etwa genauso lange dauern? Und ob sie dafür die Geduld aufbringen könnte? Und ob sie vor allen Dingen auch Lust dazu hatte?

Oma Liesl nahm sich ihre Brille von der Nase, hauchte jedes der beiden Gläser zwei Mal an und putzte sie sorgfältig mit einem Tuch. Dabei betrachtete die alte Dame gedankenvoll ihre Enkelin.

„Eine gute Frage von dir – und einigermaßen knifflig zu beantworten", sagte sie gedehnt und setzte ihre Brille wieder auf. Nach einer Weile fuhr sie jedoch fort.

„Bedauerlicherweise ist es manchmal unvermeidbar, dass dir jemand mit einem schlechten Umgangston begegnet, denn zu einer guten Beziehung gehören bekanntlich immer zwei!"

Na klar, dachte Greta, das erschien ihr plausibel.

„Auf der anderen Seite", begründete die alte Dame mit einem freundlichen Blick und sanfter Stimme, „sind dein Lächeln, Freundlichkeit, Respekt und oftmals eine gute Portion Humor meistens erfolgversprechende und alltagstaugliche Verhaltensweisen. Damit gelingt es dir, eine gute Stimmung zu erzeugen und, wie sagt man auch, „Anklang" beim anderen zu finden!"

Nach einer kurzen Pause lachte Oma Liesl amüsiert auf und zwinkerte Greta zu. „Es gibt selbstverständlich Situationen, da muss man einfach den Mund halten – und weggehen!"

Greta legte den Kopf schief und sah in das heitere, wohlwollende Gesicht ihrer Großmutter.

„Das hört sich gut an, Oma Liesl", erwiderte sie fröhlich. „Im Ernst: Deine Gedanken gefallen mir! Ich könnte mir sogar vorstellen, bei der nächsten Begegnung mit schlecht gelaunten Erwachsenen deine Ideen einfach mal auszuprobieren. Gespannt bin ich wie ein Flitzebogen, wie man dann auf meinen neuen Umgangston reagiert und ob ich womöglich bei meinen Nachbarn wieder „Anklang" finde!"

Plötzlich fiel Gretas Blick auf die Küchenuhr. „Was? Oh nein, schon vier Uhr!", rief sie erschrocken und sprang so rasch von ihrem Stuhl auf, dass dieser polternd auf den Boden knallte.

„Meine Freundin Maria wollte mich heute Nachmittag mit ihrer Geige besuchen. Zuerst erledigen wir unsere Hausaufgaben und später üben wir zusammen. Tut mir leid, Oma, aber ich habe keine Zeit mehr, mit dir zu plaudern. Ich muss sofort los. Tschöö!"

Rasch gab Greta ihrer Großmutter einen hastigen Kuss auf die Wange, schnappte sich schnell noch zwei Kuchenstücke vom Teller und flitzte durch Wohnzimmer und Diele nach draußen. Mit einem lauten Knall flog die Haustür hinter Greta zu.

Oma Liesl zuckte leicht zusammen. Dann lächelte sie versonnen, summte leise gedankenvoll vor sich hin, und Purzel erhielt zur Feier des Tages doch noch einen leckeren Knochen!

‚Nur sprechenden Menschen kann geholfen werden' oder
‚Hilf dir selbst, so hilft dir Gott'

Aufgeregt stürmte Greta durch die Eingangstür und an Oma Liesl vorbei, nachdem sie kurz zuvor Sturm geklingelt hatte. „Eine alte Frau ist doch kein D-Zug!", konnte ihre überraschte Großmutter gerade noch rufen, aber da saß Greta schon in der Küche.

„Oma Liesl, komm schnell, setz dich zu mir, ich muss dir unbedingt etwas erzählen!"

Ungeduldig zupfte sie an Oma Liesls Schürze, damit die sich endlich zu ihr an den Tisch setzte. Erwartungsvoll schaute sie zu ihrer Oma, die sich – unendlich langsam, wie Greta empfand – auf ihrem Stuhl am Küchentisch niederließ.

„Na, dann spuck´ mal aus, was du so Wichtiges auf dem Herzen hast und mir unbedingt mitteilen musst." Gespannt auf die großen Neuigkeiten, rückte die alte Dame noch flott einen Teller mit Gebäck zurecht.

„Stell dir vor, Oma Liesl, ich werde verreisen!" Selig vor Glück strahlte Greta ihre Großmutter an. Sie hatte so viel zu erzählen und tausend Gedanken in ihrem Kopf – so viele, dass es Greta im wahrsten Sinne des Wortes vor Aufregung die Sprache verschlagen hatte.

Völlig gerührt betrachtete Oma Liesl ihre Enkelin. Selten hatte sie Greta so glücklich gesehen. Das muss eine dolle Reise werden, schätzte sie. Neugierig wartete sie darauf, die weiteren Einzelheiten zu erfahren.

„Es geht nämlich…", hier machte Greta eine kleine Kunstpause, um die Spannung zu erhöhen, „… mit der Schule auf Klassenfahrt!"

Jetzt sprudelten die Worte regelrecht aus Greta heraus.

„Pass´ auf Oma Liesl! Wir fahren mit dem Zug in die Berge und lernen Skifahren. Die Skier können wir dort ausleihen; einzig warme Kleidung und dicke Unterwäsche müssen wir mitnehmen. Untergebracht sind wir in einer Jugendherberge."

Vor lauter Aufregung auf ihrem Stuhl hin und her zappelnd, naschte Greta schnell einen Keks. „Nächste Woche geht es schon los. Es ist meine erste Zugfahrt und Skifahren stelle ich mir einfach großartig vor. Oh, liebste Oma Liesl, ich bin ja so begeistert und freue mich schon wie Bolle auf die Fahrt!"

Ihre Großmutter schmunzelte. „Das hört sich ja wirklich aufregend an! Selbst bin ich zwar noch nie Ski gefahren. Es soll jedoch viel Spaß machen, tatsächlich aber auch sehr anstrengend sein. Bist du denn überhaupt fit genug für so ein großes Abenteuer?"

„Na hör´ mal, Oma Liesl! Da kannst du *alle* in meiner Klasse fragen. Bei jedem Wettrennen bin ich die Erste und auf Bäume klettern kann ich wie ein Äffchen. Jedenfalls sagt das Jochen, einer meiner Freunde."

Greta schaute jetzt verlegen drein und wurde leicht rot im Gesicht.

Oma Liesl tat auf einmal sehr ernst. „Soso! Wenn Jochen das bestätigt, dann wird es sicher stimmen. – Aber mal etwas anderes: Sicherlich hast du doch recht viele Ausgaben auf deiner Reise.

Hättest du da vielleicht ein bisschen Taschengeld für deine Reise nötig?"

Greta strahlte wie ein Honigkuchenpferd übers ganze Gesicht. Ihre Großmutter konnte im wahrsten Sinne des Wortes tatsächlich Gedanken lesen!

xxx

Der große Tag der Abreise rückte schnell näher und das Taxi mit Greta und Oma Liesl stand pünktlich um zehn Uhr vor dem Bahnhof. Rasch verabschiedete sich Greta mit einem dicken Kuss von ihrer Großmutter, dann sprintete sie mit ihrem karierten Reisekoffer und ihrem geliebten Kuscheltier Hase Benjamin in Richtung Bahnsteig.

Suchend schaute sie sich in dem kleinen Bahnhofsgelände um. Ach, da war ja der Aufgang: Bahnsteig B, Gleis 8, Treffen 10.05 Uhr, Abfahrt 10.15 Uhr. So hatte sie es sich noch hastig von der Tafel im Klassenzimmer auf einen Zettel notiert.

Trotz ihres schweren Koffers nahm Greta die Treppe zu den Gleisen immer zwei Stufen auf einmal. Sie konnte es kaum erwarten, ihren Klassenkameraden oben auf dem Bahnsteig ein fröhliches „Hallööchen" zuzurufen. Sicher waren sie schon alle da und warteten nur auf sie. Na, das würde eine Sause werden! Greta grinste trotz der Schlepperei vor lauter Vorfreude. Atemlos kam sie oben auf dem Bahnsteig an und blickte sich sofort um.

Greta empfing – gähnende Leere!

Kein Zug wartete dort, keine aufgeregt durcheinander schnatternden Schulkameraden, keine zur Ordnung rufenden Lehrer! Nur eine ältere Dame saß auf einer Bank und schaute gedankenverloren auf die Gleise. Ansonsten herrschte rund um sie herum eine gespenstische Stille.

„Das darf nicht wahr sein!" Greta stand wie erstarrt auf dem Bahnsteig, der Koffer war ihr aus der Hand gefallen und ihr Mund stand weit offen. „Das glaube ich jetzt einfach nicht!!"

Drei Sekunden später riss sie sich ihren Rucksack von der Schulter und nestelte hektisch an der Seitentasche. Ihre Hand zitterte leicht, als sie das Portemonnaie mit dem Notizzettel herausholte. „Aber hier steht es doch schwarz auf weiß: Zug nach Berchtesgaden am 7. Februar, Bahnsteig B, Gleis 8, Treffen 10.05 Uhr, Abfahrt 10.15 Uhr!"

Greta schrie es fast heraus, völlig außer sich und mit hochrotem Gesicht. Rasch griff sie nach ihrem Handy, um zu telefonieren. Mist!!! In der Aufregung hatte sie völlig vergessen, den Akku wieder aufzuladen.

Panik breitete sich auf einmal in Greta aus. Was sollte sie bloß tun? Wer konnte ihr helfen? Wen konnte sie fragen?

Greta schaute sich fieberhaft um. Ob die Frau mit dem weißen Stock dort auf der Bank ihr weiterhelfen konnte? Kein anderer Mensch auf dem Bahnsteig war zu sehen, also schnappte sich Greta ihr Gepäck und rannte zu der Dame hin.

„Hallo! Entschuldigen Sie bitte!" Sie rief so laut und aufgeregt, dass die Frau erschrocken zusammenzuckte und hastig nach ihrem Stock griff.

Greta stutzte kurz: Irgendetwas war fremdartig an der Frau! Deren Gesicht hatte sich ihr zwar zugewandt, die Augen dagegen schienen an Greta vorbei und auf irgendeinen Punkt in der Ferne gerichtet zu sein.

„Entschuldigen Sie bitte!", wiederholte Greta mit bebender Stimme. „Kann ich Sie etwas fragen?" Sie unterdrückte ihr Verlangen, das Gesicht der Frau anzustarren.

„Natürlich, gerne! Wie kann ich dir helfen, mein Kind?" Die Dame schien erleichtert. Sie lächelte freundlich und nickte ihr aufmunternd zu.

Greta riss sich zusammen. Wichtig waren im Moment nicht diese seltsame Art und die sonderbare Haltung dieser Frau. Nein, sie musste erfahren, warum auf dem Bahnsteig keine lärmenden Mitschüler herumliefen, die auf Klassenfahrt gehen wollten, um Skifahren zu lernen!

„Fährt auf diesem Gleis der Zug um 10.15 Uhr nach Berchtesgaden ab?"

Erneut stieg Panik bei dieser Frage in ihr hoch und Gretas Mund fühlte sich ausgetrocknet an. Warum hatte sie nur dieses unangenehme Gefühl, dass ihr gleich die Antwort dieser seltsamen Frau wenig gefallen würde?

„Ja, hier fährt der Zug nach Berchtesgaden ab", klärte die Dame Greta mit liebenswürdiger Stimme auf. „Aber erst um 10.35 Uhr. Ach Gott, ich bin natürlich viel zu früh hier. Doch ich dachte mir: Sicher ist sicher! Mir wäre es heute höchst unangenehm, meinen Zug zu verpassen. Der Bahnsteig und die Abteile im Zug sind zudem immer so voll, da bin ich lieber früh genug hier. Setz dich gerne her zu mir, mein Kind."

Die freundliche Dame rückte zur Seite und zeigte auf den Platz neben sich.

Greta gehorchte unwillkürlich und setzte sich. Sie hatte dem Plaudern der Frau wie in Trance zugehört. Wieso 10.35 Uhr? Kopfschüttelnd schaute sie auf ihren Zettel in der Hand und murmelte nochmals alle aufgeschriebenen Daten leise vor sich hin.

„Entschuldige bitte meine Liebe, dass ich dich korrigiere, aber es muss „8. Februar" heißen."

Greta drehte ihren Kopf und schaute die Frau neben sich ungläubig an. „Was sagten Sie gerade? … Was meinten Sie?", stotterte Greta. In ihrem Bauch grummelte es bereits unangenehm.

„Na, heute ist der 8. Februar, und du hast gerade „7. Februar" gemurmelt. Ich habe es genau gehört, meine Ohren sind noch hervorragend! Außerdem hat meine liebe Tochter heute Geburtstag, da muss ich es wohl wissen. Bärbel, so heißt sie, wohnt in Berchtesgaden; sie erwartet mich nicht und ich möchte sie daher mit meinem heutigen Besuch überraschen!" Die Frau lächelte jetzt wieder und summte gutgelaunt vor sich hin.

Greta war es wenig nach Lachen oder Summen zumute – im Gegenteil! Die Zahlen und Buchstaben auf dem Zettel verschwammen vor ihren Augen, dicke Tränen kullerten über ihre Wangen. Das konnte und durfte einfach nicht wahr sein! Sie war fassungslos: Hatte sie sich schlichtweg – im Datum geirrt?

Greta schluchzte verzweifelt auf. „Unmöööglich!", brach es aus ihr heraus.

Erschrocken über den plötzlichen und heftigen Ausbruch streckte die Dame jetzt mitfühlend ihre Hand nach Greta aus.

„Herrgott, mein liebes Kind! Was hast du denn? Kann ich dir irgendwie helfen? Bitte entschuldige, ich habe nur an mich gedacht; mir ist völlig entgangen, dass es dir schlecht geht."

Die tröstend gemeinten Worte ließen Greta nur noch mehr aufheulen.

Oh, was war sie nur für ein dummes Schaf! Ihre Schulkameraden waren alle weg, sie waren *gestern* gefahren! Ihre Vorbereitung, ihre Vorfreude – alles umsonst. Sie würde keine Klassenfahrt erleben, kein Skifahren lernen, sie war zu spät, zu spät, zu spät!!!

Gretas Gedanken überschlugen sich. Mit einer Mischung aus Wut, Verzweiflung und Selbstmitleid sprang sie von der Bank auf. Was sollte sie nur tun? Sie fühlte sich wie gelähmt und war völlig kopflos.

„Erzähl´ mir einfach, was dir passiert ist. Wir werden dann schon eine Lösung für dein Problem finden, da bin ich sicher. Komm, setz´ dich wieder her zu mir!"

Die freundliche und beruhigende Stimme der jungen Frau holte Greta auf den Boden der Tatsachen zurück. Ein kleiner Funken Hoffnung tauchte in ihr auf. Könnte die Frau vielleicht tatsächlich helfen?

Also setzte sich Greta wieder hin und erzählte ihre Geschichte von Anfang an. Was war schon zu verlieren! Zum Ende der Erzählung hin wurde es ihr dann doch noch ein wenig peinlich: Wie hatte sie sich nur so im Tag der Abfahrt irren können???

Nachdem sie ihre katastrophale Situation geschildert hatte, schwiegen beide betroffen. Dennoch hatte das Sprechen Greta gutgetan und sie fühlte sich ein wenig erleichtert.

„Tja, mein liebes Kind, das ist zweifellos eine äußerst unangenehme Situation für dich!", bekräftigte die Dame nach einiger Zeit des Schweigens und nickte. „Du kannst mich übrigens gerne bei meinem Vornamen nennen, ich heiße Hannelore. Das ist viel persönlicher, finde ich." Dankbar blickte Greta sie an.

„Ich heiße Greta Garbööchen – mit zwei ö", fügte sie noch hastig hinzu. „Entschuldige bitte Hannelore, aber kann ich dich etwas Persönliches fragen?"

„Na sicher, raus mit der Sprache!", ermunterte sie die Frau. Greta zögerte. Durfte sie wirklich so neugierig sein? Schließlich gab sie sich einen Ruck.

„Bist du … blind?", erkundigte sich Greta vorsichtig. „Ich meine – kannst du überhaupt nichts mehr sehen?"

„Na ja, ich bin so gut wie blind", antwortete Hannelore ruhig, ohne sich über die Frage zu wundern. „Deswegen habe ich hier neben mir meinen weißen Stock. Mit dem kann ich mich, so gut es geht, überall auf der Straße orientieren."

Neugierig betrachtete Greta diesen seltsamen Stock. Er war viel länger als die Stöcke, die sie sonst kannte.

„Schau mal hier…", die Frau zeigte auf ihren anderen Oberarm und Greta beugte sich interessiert vor, „hier siehst du die typische gelbe Binde mit den drei schwarzen Punkten. Daran können andere Menschen meine Behinderung erkennen. Die meisten sind dann sehr freundlich und helfen mir, wenn ich ein Problem habe."

Hannelore schmunzelte Greta verschmitzt an, „Oder ich frage einfach, wenn ich Hilfe benötige, so wie du mich angesprochen hast. Wie sagt man so schön: ‚*Nur sprechenden Menschen kann geholfen werden*'! So ist es doch, oder etwa nicht?"

Spontan musste Greta an ihre Oma Liesl denken. Hannelore würde ihr bestimmt gut gefallen, das wusste sie jetzt schon hundertprozentig!

Bei dem Gedanken an ihre Großmutter wurde es Greta mit einem Mal leicht ums Herz und ihre starke Willenskraft erwachte. Sie überlegte angestrengt: Was würde Oma Liesl zu ihrer fürchterlich verfahrenen Geschichte sagen? Was würde sie ihr in diesem Moment raten?

Fast hätte Greta gelacht; gerade jetzt musste sie an ein leckeres Stück Marmorkuchen denken. „Ich bin unmöglich. Als ob ich keine anderen Probleme hätte!"

Hannelore neben ihr räusperte sich. „Hör´ mal Greta. Ich glaube, ich habe da eine Idee!"

Ruckartig drehte sich Greta zu ihr hin. Sie war so in Gedanken gewesen, dass sie für einen Moment die nette Frau neben sich völlig vergessen hatte. Verschämt wollte sie sich gerade entschuldigen, aber Hannelore sprach schon eifrig weiter.

„Es ist so: Mit meiner Behinderung kann ich eine Begleitperson auf meiner Bahnkarte mitfahren lassen, als Unterstützung und Hilfe sozusagen. Wenn du magst, nehme ich dich bis Berchtesgaden als meine persönliche Begleitung mit. Im Zug unterhalten wir uns darüber, wie es mit dir und deiner Klassenfahrt weitergeht. Mit Sicherheit kann dich jemand bei unserer Ankunft am

Bahnhof abholen. Ansonsten werden wir dafür ebenfalls eine Lösung finden. Was meinst du? Hättest du Lust, mich zu begleiten?"

Greta schluckte heftig. Ob sie Lust dazu hatte? Was für eine Frage! Was für Aussichten!! Was für eine wunderbare Lösung!!!

Spontan und überglücklich umarmte sie die höchst überraschte Hannelore. So heftig, dass die Ärmste Greta lachend von sich behutsam wegschieben musste, um weiter atmen zu können.

„Gigantöös! Eine fabelhafte Idee, ich weiß gar nicht, wie ich dir danken soll, einfach gi-gan-töööös!" Greta jubelte so laut, dass sich einige Leute erstaunt nach ihr umdrehten.

Der Bahnsteig hatte sich mittlerweile gut gefüllt und die Abfahrt des Zuges nach Berchtesgaden wurde bereits durchgesagt. Greta schwang sich ihren Rucksack auf den Rücken und nahm ihren Koffer in die linke Hand. Mit der rechten Hand half sie der zufrieden lächelnden Hannelore von der Bank auf und hakte sich bei ihr ein.

Während sie so in Richtung des nahenden Zuges gingen, ließ Hannelore ihren weißen Stock leicht vor sich auf dem Boden hin und her tanzen. Greta beobachtete ihn fasziniert und schaute dann bewundernd zu Hannelore auf. Mit welcher Selbstverständlichkeit und Normalität Hannelore trotz ihrer Behinderung die Dinge anging – und sie schien dennoch glücklich zu sein!

Plötzlich kam ihr ein Satz von Oma Liesl in den Sinn. Was sagte sie immer, wenn es galt, eine schwierige Herausforderung zu meistern? *‚Hilf dir selbst, so hilft dir Gott'!* Greta entfuhr ein tiefer, glücklicher und dankbarer Seufzer.

Der Zug fuhr in den Bahnhof ein. Die Fahrgäste wurden über die Lautsprecher gebeten, rasch einzusteigen; man müsse eine Verspätung aufholen. Das ließen sich Greta und Hannelore natürlich nicht zweimal sagen und stiegen in einen geöffneten Wagen.

Erwartungsvoll und mit viel Vorfreude auf eine interessante Zugreise mit ihrer neuen Freundin schaute Greta kurz zurück. Unglaublich, dachte sie, wie Glück und Unglück manchmal nur wenige Minuten voneinander entfernt lagen!

Irgendwo draußen ertönte ein Pfiff. Greta zog die schwere Tür hinter sich zu, und der Zug setzte sich langsam in Bewegung.

„Klassenfahrt, ich komme!", jauchzte Greta.

„Schrift macht die Gedanken sichtbar" oder
„Wer schreibt, der bleibt"

Bei Oma Liesl klingelte es mehrmals hintereinander an der Tür. „Ein Moment, ich komme schon!", rief sie durch den Flur und eilte zum Eingang, so schnell es ihre Beine zuließen. Purzel bellte aufgeregt und flitzte zwischen Wohnzimmer und Haustür schwanzwedelnd hin und her. Oma Liesl musste höllisch aufpassen, dass sie nicht über ihn stolperte.

„Liebe Güte, Purzel sei still und mach Platz!" Energisch rief sie den Hund zur Ordnung – der sich zum Ärger seiner Besitzerin wenig darum kümmerte und fröhlich weiter die Haustüre anbellte. Oma Liesl seufzte ungehalten, drehte den Schlüssel um und öffnete.

Der schwarze Pudel konnte es kaum abwarten. Er drängte sich durch die Tür, schoss wie ein geölter Blitz nach draußen und überschlug sich fast, als er an Greta hochsprang, die fröhlich lachend vor der Türe stand.

„Hallöööchen, ihr zwei. ... Mein Gott, Purzel, ist ja gut!" Sie knuddelte den Hund ausgiebig. Dann wurde Greta streng, hob ihren Zeigefinger und sagte: „Platz!" Purzel gehorchte sofort und schaute Greta erwartungsvoll hechelnd an. Welches Spiel wollte sie wohl jetzt spielen? Bekam er vielleicht sogar etwas zu knabbern?

Greta jedoch umarmte und drückte ihre Oma Liesl, die schon ungeduldig lächelnd im Türrahmen gestanden hatte. „Wie wunderbar, dich gesund und munter wiederzusehen, mein Kind! Komm erst einmal herein in die gute Stube, und dann erzählst du mir, wie es dir auf deiner Klassenfahrt ergangen ist. Ich bin schon recht gespannt auf deine vielen Erlebnisse!"

Dass ließ sich Greta nur ungern zweimal sagen. Sie trat ein und rannte dann mit Purzel durch den Flur erst einmal in Richtung Garten. Oma Liesl schüttelte schmunzelnd den Kopf und ging in die Küche, um einen leckeren Kakao zuzubereiten. Herrlich, wieder Leben in der Bude zu haben, dachte sie glücklich!

Einige Minuten später kam Greta leicht verschwitzt und ein wenig atemlos zur Küche hereingerannt. Purzel hingegen hatte sich draußen seinen alten Knochen geschnappt und nagte genüsslich darauf herum.

„Ich habe Pflaumenkuchen gebacken. Magst du ein Stück?", rief Oma Liesl ihr entgegen.

„Klar, mindestens zwei oder drei. Auf jeden Fall bitte mit viel Sahne obendrauf!", entgegnete Greta und leckte sich schon die Lippen. „Kann *ich* bitte die Sahne schlagen?"

„Sicher – wenn Sahne für den Kuchen übrigbleibt und du nicht vorher schon alles aufgeschleckt hast!", lachte Oma Liesl gutmütig und zwinkerte ihrer Enkelin vergnügt zu.

Nachdem Greta mit Heißhunger drei Stücke Kuchen verdrückt hatte, lehnte sie sich genüsslich zurück. „Oma Liesl, das war köstlich, einfach kööööstlich! Deine leckeren Kuchen habe ich so was von vermisst. Auf der Klassenfahrt aßen wir jeden Tag nur Kekse, Kekse, Kekse – ich kann keine mehr sehen!"

„Freut mich, dass es dir geschmeckt hat. Aber nun mal los", forderte die alte Dame Greta ungeduldig auf. „Wie lief es auf deiner Klassenfahrt und was hast du Spannendes erlebt? Hattet ihr passendes Wetter zum Skifahren und habt ihr euch gut vertragen?

Du wolltest mich doch informieren und mir unter allen Umständen eine Karte geschrieben haben, erinnerst du dich?"

Ups – das hatte Greta ganz vergessen! Dabei hatte sie es Oma Liesl vor ihrer Abfahrt fest versprochen. Sie wurde rot vor Verlegenheit.

„Ist ja nicht weiter schlimm", beruhigte sie ihre Großmutter schnell. „Andererseits: ‚*Wer schreibt, der bleibt*‘!"

Greta runzelte die Stirn. „Deine Postkarte habe ich leider verschwitzt, bitte entschuldige. Aber wieso *bleibt* man, wenn man schreibt? Falls ich dir geschrieben hätte, wäre ich doch auf jeden Fall nach Hause gefahren!"

Oma Liesl schaute erst verdutzt, dann lachte sie. „Na, Gott sei Dank bist du zurückgekommen!", versicherte sie mit Nachdruck.

„Was ich damit sagen wollte, ist Folgendes: Hätte ich eine Ansichtskarte von dir bekommen, würde diese seitdem an meinem Kühlschrank haften. Jeden Tag könnte ich mich daran erfreuen und an dich denken. Deine persönlichen Eindrücke und das, was du erlebt hast, wäre mir durch deine Karte als Erinnerung *erhalten* geblieben. Verstehst du, was ich meine?"

Was ihre Großmutter da sagte, leuchtete Greta ein und in Gedanken schwor sie sich, beim nächsten Ausflug auf jeden Fall eine hübsche Postkarte an ihre Oma Liesl zu schicken.

„Komm mal mit, ich zeige dir etwas!" Entschlossen, wenn auch ein wenig mühsam, erhob sich Oma Liesl von ihrem Stuhl.

Greta folgte erwartungsvoll ihrer Großmutter in das „Allerheiligste", wie es Oma Liesl gerne nannte – in ihr Lesezimmer.

Greta kam selten in den Genuss, dort hineinblicken zu können. Staunend stand sie nun in dem Raum und sah sich um.

„Meine Liebe, schau´ dir einmal diese Bücherwand an und sage mir, was du siehst." Gretas Augen wanderten neugierig das wuchtige Regal entlang: Dort standen große, kleine, alte, neue, dicke, dünne Bücher sowie eine unglaubliche Menge an Bildbänden und Zeitschriften. Voller Respekt fragte sie sich, ob die Großmutter das alles wohl gelesen hatte.

„Tja … sehr viele Bücher halt", stotterte Greta. Sie rätselte, worauf die Oma hinauswollte.

„Was du hier siehst, mein liebes Kind, ist nicht bloß eine große Menge an Literatur. Weit gefehlt! Es sind meine stillen, jederzeit anwesenden Gesprächspartner, meine Ratgeber, meine Unterhaltung für alle Lebenslagen, und das zu jeder Tages- oder Nachtzeit."

Oma Liesl schmunzelte beim Anblick in Gretas Gesicht, einem einzigen stummen Fragezeichen.

„Du denkst wahrscheinlich, ich wäre verrückt und schon ein bisschen senil. Aber schau genau hin, vor deinen Augen tut es sich auf: ‚*Wer schreibt, der bleibt*' – und zwar in Erinnerung!"

Oma Liesl ging zu der Bücherwand und holte ein altes, anscheinend häufig gebrauchtes Buch aus dem Regal. „Sieh dir zum Beispiel dieses wunderbare Buch an."

„Aristoteles", las Greta verwundert. „Den kenne ich nicht. Wer soll das gewesen sein?"

Die alte Dame schmunzelte. „Das war ein berühmter griechischer Philosoph und Universalgelehrter, der vor über 2000 Jahren gelebt hat", erklärte die Großmutter. „Ihm wird das Zitat ‚*Wer schreibt, der bleibt*' zugeschrieben. Heute würde man vielleicht auch sagen: „So ist es"!"

Um das Gesagte etwas näher auszuführen, sprach Oma Liesl begeistert weiter, während Greta fasziniert zuhörte.

„Ich sehe das so: ‚*Schrift macht die Gedanken sichtbar*'! Das leuchtet dir doch ein, oder?", fragte die Großmutter. Greta runzelte die Stirn und dachte nach.

„Nun, jeder Text erzählt dir entweder Geschichten, gibt Rat, hinterlässt Zeugnisse aus einer anderen Zeit oder vermittelt uns wichtige Zahlen, Daten und Fakten. Hier zum Beispiel!"

Oma Liesl schlug eine Seite in dem Buch auf und wies Greta auf eine Anzahl von allerlei Namen und Geschichtsdaten hin. An einigen Stellen hatte irgendjemand in einer für sie unverständlichen Schrift ein paar Notizen hinterlassen.

„Wenn ich lese", fuhr Oma Liesl fort, „lasse ich mich von den Autoren unterhalten und tauche in ihre, für mich zunächst unbekannte Gedankenwelt ein. In einem *inneren Dialog* kann ich dann entweder mal mit Fachleuten diskutieren, ein anderes Mal unterhalte ich mich mit den unterschiedlichsten Charakteren und Personen einer Geschichte."

Verzückt und beinahe liebevoll strich die Großmutter mit ihren Händen über das in Leder eingefasste Buch.

„Und das Schönste: Niemand dieser Gesprächspartner ist beleidigt, wenn ich die Lektüre zur Seite lege! Nehme ich das Buch zu einem anderen Zeitpunkt erneut in die Hand, ist der Kontakt sogleich wieder hergestellt. Ist das nicht wundervoll?"

Oma Liesl schaute begeistert erst auf ihre Enkelin und dann auf ihre Büchersammlung. Greta musste lächeln über ihr glückliches Gesicht. Für einen Moment entstand eine fast heilige Stille im Raum. Beinahe wie in der Kirche, dachte sie ehrfürchtig und räusperte sich.

„Deine Gedanken kann ich sehr gut nachvollziehen, besonders die mit dem *inneren Dialog*, wie du sagtest. Der Ausdruck gefällt mir, denn mit den Helden und Sagengestalten in meinen Abenteuerbüchern geht es mir ebenso."

Greta stand gedankenverloren vor einem kleineren Buchregal. „Aber etwas anderes fällt mir noch dazu ein. Wenn ich dich richtig verstehe, Oma Liesl…", grübelte sie, „… könnten dann zum Beispiel auch meine Schulzeugnisse oder meine Hausaufgaben Schriftstücke sein, die bleiben?"

„Bestens meine Liebe, du hast mich sehr gut verstanden!", bestätigte die alte Dame erfreut. Greta wurde rot. Sie freute sich immer über ein ehrliches Lob ihrer Großmutter.

In einer anderen Ecke des Raumes erblickte Greta einen wuchtigen Sekretär mit vielen kleinen Schubladen. Die schwere Schreibplatte war heruntergeklappt. Zu entdecken gab es hier wunderschön gestaltetes Briefpapier, allerlei Stifte und Federhalter, Tintenfässer mit unterschiedlichen Farben, einige Bilderrahmen mit alten Fotos – Greta war einfach fasziniert!

Die Großmutter folgte den Blicken ihrer Enkelin und ging auf den Sekretär zu. „Schau´ mal hier!" Oma Liesl zeigte auf einen goldenen Fotorahmen und setzte sich auf einen reich geschnitzten Stuhl, der vor dem Sekretär stand. „Auf dem Bild siehst du meine Freundinnen Bea und Tina. Habe ich dir schon mal von ihnen erzählt?"

Greta schüttelte den Kopf und betrachtete interessiert das Foto. Sie sah in zwei fröhliche und sympathische Gesichter. „Wie und wo habt ihr euch kennengelernt?"

Die alte Dame überlegte einen Moment, bevor sie anfing zu erzählen.

„Das ist eine etwas längere Geschichte. Wie du weißt, arbeitete ich früher in einer Bibliothek." Greta zog sich schnell Omas Klavierhocker herbei, setzte sich neben ihre Großmutter und hörte aufmerksam zu. Gab es heute noch eine spannende Geschichte?

„Ich war damals ein junger Spund", begann die alte Dame, „also ein Grünschnabel; ziemlich unerfahren, jedoch immer wissbegierig – gerade so wie du!" Feixend stupste sie mit dem Ellbogen ihre völlig überraschte Enkelin in die Seite. Die konnte sich auf ihrem Hocker gerade noch fangen.

„Im Anschluss an den Krieg haben wir mit großer Energie und Eifer die stark beschädigte Bibliothek von innen her erneuert. Vieles war entweder zerstört, verbrannt oder auf andere Art und Weise verschollen gegangen. *„Ärmel hochkrempeln und 'ran an den Speck!"*, sagte meine nette und engagierte Kollegin Irmgard immer, wenn Aufräumarbeit angesagt war."

Die Großmutter verstummte, sie schien in alten Zeiten versunken zu sein. „Alles in Ordnung, Oma Liesl?" Ungeduldig zappelte Greta auf ihrem Hocker herum.

Die alte Dame schreckte aus ihren Erinnerungen hoch. „Ja, alles in Ordnung!" Sie räusperte sich und fuhr fort.

„Mit der Zeit kamen wieder regelmäßig Besucher in die Bibliothek, die sich gerne ein Buch kaufen oder ausleihen wollten. Demzufolge fiel allerhand Verwaltungsarbeit an und eines Tages übertrug man mir die Verantwortung für das Büro, also für den Schriftverkehr, die Kasse und die Buchführung der Bibliothek."

„Konntest du das denn einfach so?", warf Greta erstaunt dazwischen.

„Eben nicht!", antwortete die Großmutter prompt. „Zu dieser Zeit hatte ich keine Ahnung, wie ich diese vielen neuen Aufgaben bewältigen sollte. Blamieren wollte ich mich auf keinen Fall; doch ich brauchte dringend jemanden, der sich in diesen Dingen auskannte und vor allem Erfahrung besaß. Die Leitung der Bibliothek und meine Kollegin Irmgard hingegen sagten: *„Du machst das schon!"* Ein angenehmes und nettes Kompliment für mich, ja; allerdings wog die Last der Verantwortung schwer auf *meinen* Schultern, wie du dir vorstellen kannst!"

Erneut machte Oma Liesl eine gedankenvolle Pause. Greta konnte nur mit Mühe an sich halten. Unruhig wackelte sie auf ihrem Hocker hin und her und wäre fast hintenübergekippt.

„ÖÖÖhmchen, mach hinne!" Greta krähte die Worte förmlich heraus. „Mach hinne" war einer der Lieblingsausdrücke von Oma Liesl, wenn ihr eine Sache nicht schnell genug ging.

„Kind, erschreck´ mich doch nicht so!", fuhr die Großmutter verstört auf. Sie musste sich kurz sammeln, bevor sie, nach einem strengen und bedeutungsvollen Seitenblick zu Greta, in ihrer Erzählung fortfuhr.

„Nun ja, eines Tages kam eine Besucherin in unsere Bibliothek und wandte sich an mich. Sie bräuchte einen neuen Bücherausweis und ein bestimmtes Buch, welches sie sich gerne ausleihen wollte. Während ich hektisch die dafür notwendigen Unterlagen suchte, betrachtete die Frau vor mir stirnrunzelnd das Durcheinander und die Unordnung auf meinem Schreibtisch.

„Kindchen", sagte sie unverhofft und mit einem ironischen Unterton, „in Ihrem Chaos finden Sie so schnell bestimmt *nicht* die richtigen Papiere. Meinen Ausweis kann ich offensichtlich für heute vergessen. Wenn ich Ihnen einen guten Rat geben darf: Räumen Sie erst mal auf und bringen Ordnung in ihre Unterlagen, dann komme ich gerne wieder!"

In Gedanken an diese Worte lachte Oma Liesl laut auf. In ihren Augen blitzte es vor Schadenfreude über sich selbst. Sie bewahrt sich eben ihren eigenen Humor, dachte Greta bewundernd.

„Gerne hätte ich der vorlauten Dame alle Papiere vor die Füße geworfen. Aber du weißt ja: Einmal tief durchatmen und die Gehirnzellen sortieren! Also versuchte ich es mit einem freundlichen Lächeln und fragte, ebenfalls mit einem spitzen Unterton, wie und ob sie es denn besser machen könne."

„Und wie hat die Frau darauf reagiert?" Greta wartete gespannt wie ein Flitzebogen auf die Antwort. Ihre Großmutter aber kicherte nur in sich hinein.

„Na, da war ich aber an die Richtige gekommen! Statt viele Worte zu machen, ging die Frau schnurstracks hinter meinen Schreibtisch, stellte sich neben mich, schaute sich kurz die Papiere an und ordnete dann in Windeseile – schwuppdiwupp – meine vollständigen Unterlagen. So schnell konnte ich gar nicht hinterher gucken!"

Mit ihren Händen beschrieb Oma Liesl bildhaft die damalige Situation. „Kleine, überschaubare Stapel lagen wohlgeordnet auf meinem Schreibtisch, und nicht nur das: Die Kasse samt

Buchhaltungsunterlagen stand übersichtlich getrennt von der Korrespondenz; Schreibmaschine sowie Schreibutensilien waren in Reichweite auf einem Nebentisch aufgebaut; und der Wirbel hatte zu meinem Erstaunen keine fünf Minuten gedauert!

„Na, was sagen Sie nun, Kindchen?" Die resolute Dame stand wieder *vor* meinem Schreibtisch und blickte spöttisch in mein fassungsloses Gesicht. Schade, dass es damals noch keine Fotohandys gab, sonst hätte sie bestimmt ein Bild von mir gemacht."

Wieder kicherte die Großmutter leise vor sich hin. Selbst Greta konnte sich nur zu gut ein Bild von der Situation machen und grinste ebenfalls.

„Jedenfalls höre ich die Frau dann noch kurz und bündig sagen: „So sieht das Ganze doch schon wesentlich übersichtlicher aus, oder was meinen Sie? Als Dankeschön hätte ich jetzt gerne von ihnen meinen Bücherausweis. Schauen Sie dann bitte in Ihren Karteikasten, wann Sie mir mein gesuchtes Buch beschaffen können!" Und in diesem Moment, glaub´ mir Greta, fühlte ich mich wie eine Schülerin, die ohne Vorbereitung eine Klassenarbeit schreiben muss!" Erneut lachte die Großmutter amüsiert auf.

„Nun, um es kurz zu machen – und *du* dir bei deiner Wackelei auf dem Stuhl nicht noch gleich den Hals brichst: Die couragierte und hilfsbereite Dame hieß Bea und leitete damals einen Fachverband für Sekretärinnen. In diesem Netzwerk habe ich später neben vielen weiteren kompetenten Damen die ebenfalls recht engagierte Tina kennengelernt."

Oma Liesl nahm das Foto vom Sekretär und betrachtete es mit großem Wohlwollen. „Wir drei freundeten uns rasch an, und bis heute haben wir viele lustige und aufregende Zeiten erlebt. – Da fällt mir gerade ein", ergänzte Oma Liesl nachdenklich, „nächste

Woche kommen mich die beiden besuchen. Wenn du Lust hast, komm vorbei. Die zwei können dir bestimmt einiges über Protokolle, Verträge, Dokumentationen, Berichte und sonstige Schriftsätze erzählen; und warum der Satz ‚Wer schreibt, der bleibt' so wichtig und richtig ist!"

Die letzten Worte hatte sie voller Überzeugung mit erhobener Stimme gesprochen. Greta lächelte. Ja, ihre Oma Liesl konnte einen gut motivieren, wenn sie von einer Sache begeistert war.

Das brachte Greta auf eine Idee!

„ÖÖÖhmchen?" Oma Liesl wurde sofort hellhörig. Diesen jammernden Tonfall kannte sie nur zu gut, denn dann wollte Greta etwas von ihr.

„Hast du vielleicht auch ein Buch mit spannenden Abenteuergeschichten in deiner Bücherwand, dass du mir ausleihen könntest?" Bittend legte Greta ihren Kopf schief und die Unterlippe schob sich mal wieder weit nach vorne. „Im Moment habe ich nämlich überhaupt nichts Spannendes mehr zu lesen, total öde", sprach sie mit übertrieben weinerlicher Stimme.

Die Großmutter kratzte sich nachdenklich am Kopf, überlegte kurz und nickte dann.

„Weißt du, was ich in deinem Alter von morgens bis abends gelesen habe?" Dabei bückte sie sich und holte aus dem untersten Regal eines von vielen ähnlich aussehenden Büchern hervor.

„Hier!" Oma Liesl pustete den Staub eines dicken Buches und überreichte es Greta.

„Meine Mutter wurde immer fuchsteufelswild, wenn ich, anstatt mein Zimmer aufzuräumen, mit einem dieser Bücher in der Hand irgendwo gesessen und gelesen habe. Ich vermute mal, dir geht es ebenso, nicht wahr?" Oma Liesl griente verständnisvoll.

„495 Seiten!", rief Greta überrascht aus.

„In meinen besten Zeiten habe ich diese Bücher in einem Tag ausgelesen; 35 Bände hatte ich davon!", erklärte Oma Liesl stolz.

„Karl May! Von dem Schriftsteller kenne ich alle Folgen von ‚Winnetou', aber dieses Buch hier, ‚Der blaue Methusalem'…" Greta verstummte und ihre Augen verengten sich. Hastig und mit kritischem Blick schlug sie die erste Seite auf.

Unvermittelt schob Oma Liesl ihre Enkelin mitsamt Buch energisch zur Tür hinaus. „Für heute ist es genug! Ab mit dir und rasch nach Hause. Denk´ an deine Hausaufgaben und danach viel Spaß beim Lesen. Ich glaube, ich mache jetzt erst mal ein Nickerchen nach den vielen alten Geschichten!"

Greta wusste nicht, wie ihr geschah, so schnell stand sie vor der Haustür. Kopfschüttelnd steckte sie sich das Buch in ihren Rucksack, setzte sich aufs Fahrrad und fuhr voller neuer Eindrücke und großer Vorfreude auf einen spannenden Leseabend rasch nach Hause.

‚Wie du kommst gegangen, so wirst du auch empfangen'
oder ‚Kleider machen Leute'

„Trari-trara, die Post ist da!"

Laut singend und mit einer Hand voller Briefe hüpfte Greta durch den Garten ihrer Großmutter und kam die Terrassenstufen zum Haus hochgesprungen. Überrascht blieb sie stehen und ließ die Post sinken. Was war denn hier los?!

Kein Purzel begrüßte sie heute mit einem freudigen Bellen; keine Großmutter empfing sie mit frisch gebackenem Kuchen. Verwundert ging Greta durch die offene Terrassentür zur Küche. Überall war es sauber und aufgeräumt, aber auch hier – keine Menschenseele weit und breit!

„Hallo, Oma Liesl, wo bist du denn?", rief sie laut durch den Flur.

„Hier oben bin ich!", erscholl es aus der ersten Etage des Hauses. Aha, schätzte Greta, Oma Liesl scheint im Schlafzimmer zu sein; eher ungewöhnlich für diese Tageszeit. Leicht besorgt lief sie die Treppe herauf – und atmete erleichtert auf!

Piekfein angezogen, stand ihre Großmutter vor einem großen, goldgerahmten Spiegel und zupfte gerade ihre Bluse zurecht. Lächelnd drehte sie sich zu Greta um.

„Na, was sagst du zu meinem Outfit?"

„Wow, Oma Liesl, du siehst großartig aus!", platzte es aus Greta heraus. „Wo willst du denn heute hin? Gehst du etwa feiern?" Sie war völlig baff. So fein herausgeputzt hatte sie ihre Großmutter noch nie gesehen.

Was für ein Unterschied, dachte Greta und pfiff anerkennend durch die Zähne.

Anstatt der üblichen Schürze trug Oma Liesl ein elegantes dunkelblaues Kostüm; den bequemen weiten Pullover hatte sie durch eine cremefarbene Spitzenbluse eingetauscht; um ihren Hals lag eine doppelreihige weiße Perlenkette, passend zu ihren Ohrringen, und an ihrer rechten Hand funkelte ein goldener Ring mit einem leuchtend blauen Stein.

Die weißen Haare waren, anstatt zu dem üblichen Knoten gebunden, wunderschön mit drei glänzenden Spangen aus Perlmutt hochgesteckt. Greta bemerkte sogar Spuren von Make-up und Rouge auf Oma Liesls Wangen. Der zart getönte Lippenstift, den ihre Großmutter aufgelegt hatte, gefiel ihr jedenfalls ausnehmend gut und gab dem ganzen Aussehen noch den letzten Schliff.

Lediglich die Füße steckten noch wie gewohnt in ihren ausgetretenen Filzpantoffeln. Einen größeren Kontrast konnte sich Greta im Moment wahrhaftig nicht vorstellen!

„Na, mein Kind!" Mit einem letzten prüfenden Blick in den Spiegel und einem zufriedenen Lächeln im Gesicht drehte sich die alte Dame um. ‚*Kleider machen Leute*' nicht wahr? Meinst du, ich kann so heute Nachmittag auf die Feier zum hundertfünfzigsten Jubiläum der Bibliothek gehen?", fragte sie Greta, die immer noch ziemlich verblüfft und wie angewurzelt auf der gleichen Stelle stand.

„Der Bürgermeister und einige weitere Honoratioren der Stadt kommen ebenfalls zu der Veranstaltung", erklärte Oma Liesl. „Zu meiner großen Überraschung hat man mich gebeten, eine kleine Rede zur Begrüßung zu halten."

Greta war tief beeindruckt. „Pompöööös! Oma, du siehst geradezu spektakulär und wie eine feine Dame aus!", meinte sie anerkennend. „Aber deine Schlappen tauschst du noch aus, oder?"

Prüfend schaute sie sich rasch auf dem Fußboden nach ein paar passenden Schuhe um. Bei Oma Liesl konnte man ja nie wissen!

„Nö, da lauf´ ich so hin!", konterte die Großmutter augenzwinkernd. „*Selbstverständlich* trage ich die passenden Schuhe dazu. Die stehen noch unten im Flur, damit ich nicht mit den erhöhten Absätzen die Treppe herunterfalle!"

Greta atmete erleichtert auf.

„Nach der Feier bin ich zu einem Abendessen in einem sündhaft teuren Restaurant eingeladen", flüsterte Oma Liesl geheimnisvoll. Greta machte große Augen. „Ehrlich? Von wem? Wie aufregend!" Sie konnte die Antwort kaum abwarten.

„Von einem alten Verehrer, den ich beim Wiederaufbau der Bibliothek kennengelernt habe. Er schrieb mir, dass er ebenfalls zu der Feier kommen wird. Ich bin außerordentlich gespannt, wie er heutzutage aussieht, denn es ist unglaublich lange her, dass ich ihn getroffen habe."

Die alte Dame errötete leicht und lächelte versonnen in sich hinein.

„Also, wenn er dich *so* sieht, Oma Liesl, dann wird ihm hundertprozentig die Spucke wegbleiben. Davon kannst du ausgehen!"

Greta freute sich sehr für ihre Großmutter und klatschte vor Begeisterung in die Hände. Sie liebte Abenteuer und heute würde ihre Oma Liesl einen aufregenden Abend erleben!

„Du musst mir unbedingt morgen alles erzählen, ja? Ich wünsche dir jedenfalls viel Erfolg und einen vergnüglichen Abend!" Greta küsste die alte Dame mit einem dicken Schmatz auf die Wange, flitzte aus dem Zimmer und sprang mit einem Satz die Treppe herunter.

„Tschöö, Oma Liesl!", rief sie noch den Flur hoch, dann eilte Greta fix auf und davon. Sie wollte ihre Oma Liesl doch auf keinen Fall länger als notwendig von einer vielversprechenden Unternehmung abhalten!

xxx

Am nächsten Tag saß Greta schon auf glühenden Kohlen, um von ihrer Großmutter die neuesten Nachrichten zu erfahren. Zu gern wäre sie gestern dabei gewesen und hätte Mäuschen gespielt. Eine Rede vor so vielen Leuten zu halten – alle Achtung! Sie selbst wäre im Boden versunken vor Aufregung und hätte bestimmt keinen Ton herausbekommen.

Nach dem Mittagessen schnappte sich Greta ihr Fahrrad und machte sich schnellstens auf den Weg. Bei der Großmutter angekommen und völlig außer Puste von der rasanten Fahrt, klingelte sie wieder mal Sturm. Ungeduldig trat sie von einem Bein auf das andere, bis sie endlich Schritte hörte und Oma Liesl die Tür aufmachte.

„Wie erfreulich, dich zu sehen! Komm schnell herein, ich habe gerade Essen auf dem Herd stehen." Die alte Dame beeilte sich, zurück in die Küche zu kommen.

„Mhm, das riecht ja lecker. Was gibt es denn?" Greta schloss rasch die Haustür, zog ihre Schuhe aus und lief der Großmutter erwartungsvoll hinterher.

„Es gibt heute deftige Hausmannskost: Kartoffeln und Möhren untereinander, dazu ein paar Frikadellen. Magst du mitessen? – Ja? – Dann stell' bitte schon einmal zwei Teller, Gläser und Wasser auf den Tisch, Besteck ist in der Schublade. Wir können gleich essen!"

In Windeseile deckte Greta den Tisch. Kurze Zeit später saßen die beiden vor ihrem Mittagessen und ließen es sich schmecken.

„Gestern habe ich den ganzen Abend an dich gedacht, liebe Oma Liesl. Jetzt erzähl' mal: Hast du dich gut unterhalten? Und wie ist deine Rede angekommen? Wie war es mit deinem Verehrer im Restaurant?"

Während Greta weiter fleißig zulangte, schaute sie ihre Großmutter gespannt und voller Neugier an. Doch es dauerte eine kleine Weile, bis Oma Liesl antwortete.

„Es war sehr festlich und ... furchtbar schrecklich zugleich!!!"

Abrupt legte die alte Dame ihre Serviette beiseite; die Augen hinter der Brille verdunkelten sich. Was hatte das zu bedeuten? Greta schluckte und ließ ihre volle Gabel beunruhigt auf den Teller sinken.

„Wie soll ich es sagen...", begann Oma Liesl zögerlich und legte jetzt auch ihr Besteck am Teller ab. „Der erste Teil der Veranstaltung verlief ausgesprochen nett. Es waren bestimmt an die hundert Gäste dort und ich war vor meinem Auftritt ungemein aufgeregt, wie du dir sicherlich vorstellen kannst."

„Klar!" Greta nickte voller Verständnis. Die Großmutter trank einen kleinen Schluck aus ihrem Wasserglas, dann berichtete sie weiter.

„Nach meiner Begrüßungsrede empfing mich der Bürgermeister äußerst freundlich und mit vielen Komplimenten. Einmal für die gelungene Rede, die langjährige erfolgreiche Bibliotheksarbeit, und ...", Oma Liesl räusperte sich ein wenig verlegen, „... sogar für mein gutes Aussehen und meine elegante Kleidung!"

Sah Greta da vielleicht erneut eine leichte Röte im Gesicht der Großmutter aufsteigen? Insgeheim freute sie sich riesig über Oma Liesls augenscheinlichen Erfolg.

„Stell dir vor, meine Liebe: Manch einer verhielt sich wie ein echter Kavalier und deutete sogar einen Handkuss an. Ich fühlte mich noch einmal jung und wie eine große Dame!" Die Großmutter wirkte sichtlich stolz und genoss für einen kurzen Moment die Erinnerung an diesen Augenblick.

Greta runzelte die Stirn. „Ein Handkuss? Was ist das denn?"

„Das gehört zu einer guten Umgangsform bei festlichen Anlässen", klärte Oma Liesl ihre Enkelin auf. „Er gilt als ein Zeichen des Respekts und der Wertschätzung einer Frau gegenüber. Der Mann verbeugt sich leicht vor der Dame, spitzt die Lippen und deutet einen Kuss an auf die ihm dargebotene Hand."

„Aha!" Greta schüttelte leicht ungläubig und verwundert den Kopf. Das wollte sie doch direkt morgen mal mit ihren Freunden ausprobieren. „Okay, Oma Liesl, so verlief der erste Teil. Und im zweiten Teil? Was passierte dann?"

Sichtlich aufgeschreckt aus ihren Gedanken, kehrte die alte Dame in die Gegenwart zurück. Ihre Augen verdunkelten sich wieder und sie seufzte tief.

„Tja, dann tauchte Theobald von Stetz auf, mein Verehrer aus vergangenen Zeiten. Er rief schon von Weitem „Hallo Liesl!", und zwar so laut, dass sich alle Leute nach ihm umdrehten und zu tuscheln anfingen. Gott, was war mir das peinlich!"

Oma Liesl trank erneut einen großen Schluck Wasser, bevor sie weitersprach.

„Dieser Mensch, der sich da lauthals und heftig winkend durch die Menschenmenge auf mich zubewegte, war, wie soll ich sagen, gekleidet wie ein *Clown*. Er trug einen groß karierten schwarz-weißen Anzug, ein lila Hemd mit einer knallrot gebundenen Fliege und – restlos unpassend dazu – braune Lackschuhe!"

Die alte Dame schnaubte entrüstet und schüttelte unwillig den Kopf. Wie konnte ein einzelner Mensch ihrer Meinung nach nur so viel Geschmacklosigkeit besitzen!

„Die paar Haare, die er noch auf dem Kopf hatte, waren mit viel Pomade nach hinten gekämmt", fuhr sie mit hochgezogenen Augenbrauen fort. „Und ehe ich mich vor ihm retten konnte, hatte er mich schon umarmt. Dabei stach mir sein alkoholisierter Atem in die Nase!"

Wiederum nahm Oma Liesl einen kräftigen Schluck Wasser und schüttelte sich. Jetzt aber kam die Großmutter richtig in Fahrt, ihre Wangen waren vor Aufregung gerötet. Gretas Mundwinkel verzogen sich bei ihrem Anblick immer weiter nach oben.

„Um dem Ganzen die Krone aufzusetzen, haute mir dieser Theobald von Stetz mit einem kräftigen Klaps auf meine Schulter. Ich spüre es heute noch." Instinktiv rieb sich Oma Liesl ihre schmerzende Stelle.

„Dann meinte er mit dröhnender Stimme zu mir: „Na altes Haus, wie gehts, wie stehts´?" Ohne eine Antwort abzuwarten, plapperte er direkt weiter.

„Ich hätte kaum erwartet, dass du noch so passabel aussiehst für dein Alter, und ganz arm scheinst du ja auch nicht zu sein – bei den teuren Klunkern um deinen Hals! Wenn ich dich so anschaue, dann könntest eigentlich *du* mich zum Abendessen einladen. Nicht wahr, meine Liebe?" Dabei grinste er mich herausfordernd an und fand sich wahrscheinlich unglaublich witzig."

Oma Liesl schüttelte missbilligend den Kopf. „In diesem Moment war ich einfach sprachlos vor Empörung, das kann ich dir sagen. Die Leute um mich herum fingen schon an zu lachen. Was für eine Blamage – am liebsten wäre ich im Erdboden versunken!"

Der Großmutter versagte die Sprache. Greta schwieg teilnahmsvoll.

Plötzlich haute Oma Liesl mit der Faust auf den Tisch. Greta erschrak so heftig, dass sie fast vom Stuhl gefallen wäre.

„Na, dem habe ich aber dann meine Meinung gegeigt, kann ich dir sagen!", platzte es aus der alten Dame heraus. Sie stemmte sich vom Tisch hoch und stand wie eine Furie vor ihrer Enkelin.

„Was er sich denn einbilden würde, mich so vor allen Leuten lächerlich zu machen. Sein Auftreten sei arrogant und überheblich und seine Erscheinung für mich einfach nur peinlich. Das gemeinsame Abendessen könne er sich abschminken, ihr wäre der Hunger vergangen. Und ihre Bekanntschaft wäre ab dem heutigen Tage für alle Ewigkeiten beendet. Basta! – Dann habe ich mich umgedreht und ihn einfach an Ort und Stelle stehengelassen!"

Mit einem triumphierenden Blick schaute sie zu Greta, die gebannt auf ihre Oma Liesl starrte, und erhob nochmals ihre Stimme. „Meine Großmutter hat mir immer gesagt: ‚*Wie du kommst gegangen, so wirst du auch empfangen!*'. Na, hoffentlich hat dieser Herr Theobald von Stetz meine Worte diesbezüglich auch richtig verstanden!"

Oma Liesl nickte energisch; der kleine Dutt auf ihrem Kopf wackelte zustimmend. Sie atmete einmal tief durch, dann setzte sie sich mit einem geräuschvollen Seufzer wieder auf ihren Stuhl.

Jetzt konnte Greta nicht mehr an sich halten – sie quietschte laut auf und kugelte sich fast vor Lachen. Es war einfach zu komisch!

Vor ihrem inneren Auge spielte sich die ganze Szene nochmals ab. Sie sah förmlich, wie ihre aufgebrachte und kampfeslustige Oma Liesl ihren Verehrer in *Nullkommanix* zur Schnecke gemacht und direkt Klartext mit ihm gesprochen hatte.

Armer Herr Theobald! Greta wusste nur zu gut: Wenn die Großmutter erst einmal jemanden auf dem Kieker hatte, dann war mit ihr nicht gut Kirschen essen!

Oma Liesl aber schaute Greta fassungslos an. Dann machte sie den Mund auf und wollte gerade nochmals aufbrausen, da hielt sie inne – und musste ebenfalls herzlich lachen.

‚*Der Groschen war gefallen*', wie man so schön sagt. Sie hatte ihre Enkelin und deren Reaktion nur zu gut verstanden!

Beide schütteten sich jetzt aus vor Lachen und liefen durch die Küche, weil sie sich nicht auf ihren Stühlen halten konnten. Die Tränen flossen ihnen nur so die Wangen herunter.

Purzel, der im Wohnzimmer auf seiner Decke geschlafen hatte, kam bellend herbeigerannt und umkreiste aufgeregt die beiden. Was ging hier vor? Hatte er etwas Wichtiges verpasst? Sein drolliges Verhalten löste einen weiteren Lachanfall aus.

Schließlich beruhigten sich alle drei; Oma Liesl und Greta sanken erschöpft auf ihre Stühle und Purzel nahm auf seiner Decke Platz. Argwöhnisch legte er seinen Kopf zwischen die Pfoten und beobachtete die beiden. Ging dieses seltsame Spiel gleich von Neuem los?

„Nein wie herrlich, lange nicht mehr so gelacht!" Die Großmutter nahm ihre Brille ab, holte ein großes Taschentuch aus ihrer Schürze, putzte sich kräftig die Nase und wischte die Tränen aus ihrem Gesicht. Dann setzte sie die Brille wieder auf.

Greta klopfte auf den Tisch. „Oma Liesl, du bist eine Wucht! Mit dir und deinen Geschichten gibt es einfach *nie* Langeweile."

Und nach einer kurzen Pause ergänzte sie errötend: „Entschuldige, liebe Oma Liesl, wenn ich das sage: Im Grunde genommen bin ich sogar froh, dass es mit Herrn Theobald von Stetz und dir nichts gegeben hat. Ich war nämlich ein kleines bisschen in Sorge."

Verblüfft schaute die Großmutter ihre Enkelin an.

„Ja, wahrscheinlich hättest du dann keine Zeit mehr für mich und ich dürfte dich nicht mehr so oft besuchen."

„Mein liebes Kind!", rief Oma Liesl bestürzt aus. „Wie kannst du nur *so* etwas denken? Eines ist sicher, ach was, *„so klar wie Kloßbrühe'*: Und wenn es hundert Theobalds gäbe, *du* kannst mich *immer* besuchen. Daran ändert nichts und niemand etwas!"

Ein letztes Mal an diesem Tag haute die Großmutter zur Bestätigung mit der Faust auf den Tisch. Diesmal jedoch mit einem innigen und liebevollen Lächeln auf ihrem Gesicht.

Greta atmete erleichtert auf und ein dicker Stein fiel ihr vom Herzen. Ein Leben ohne ihre geliebte Oma Liesl? Nein, das konnte und wollte sich Greta wahrhaftig nicht vorstellen!

Nachwort

Das Schreiben dieses Buches hat mir viel Freude bereitet; ich hoffe, dass der Funken beim Lesen der Geschichten von Greta Garbööchen und Oma Liesl übergesprungen ist. Es gibt noch so viele wunderbare Sprichwörter und Lebensweisheiten: Den beiden Protagonistinnen werden die Gesprächsthemen wohl nicht ausgehen!

Ohne ihn wäre das Buch sehr viel später zustande gekommen! Herzlich bedanken möchte ich mich bei meinem Mann, der mich jederzeit unterstützt und mir, ohne mit der Wimper zu zucken, viel Zeit und Verständnis entgegengebracht hat. Zudem wäre ich ohne seinen technischen Sachverstand und seine Hilfe am PC oft verzweifelt!

Was wäre das Leben ohne Freundschaften! Ob Maria, Bärbel, Sybilla, Susanne; meine Freundinnen haben mich zu jeder Zeit in meinem Vorhaben bestärkt und zugehört, wenn es ein Problem zu bewältigen gab. Und sie haben mir ihre wertvollen Anregungen, Tipps und Hinweise nicht vorenthalten. Dafür bin ich ihnen von Herzen dankbar!

Wunderbarerweise hatte ich eine aufgeweckte und musikalische 9-jährige Erstleserin: Marie! Ihr Interesse an den Geschichten von Greta und ihrer Großmutter, ihre positive Rückmeldung, dazu ihr Lachen an den passenden Stellen im Text und nicht zuletzt ihre entscheidende Frage: „Wie sieht Greta denn eigentlich aus?" Alles das hat mich bestätigt, ist hilfreich und wichtig gewesen. Herzlichen Dank dafür!

Sehr dankbar bin ich darüber hinaus meiner Mutter. Unterwegs und auf Spaziergängen unterhielt sie uns Kinder immer mit ausgedachten Geschichten oder es wurde vorgelesen; wegweisende und bereichernde Vorzüge, von denen ich nicht nur in meinen Schulaufsätzen profitiert habe!

Und letztlich bin ich meinen beiden Großmüttern noch im Nachhinein dankbar. Bei ihnen konnte ich Kind sein; jeder Besuch ist bis heute für mich mit vielen schönen Erlebnissen und Geschichten verbunden, an die ich gerne zurückdenke!

*‚Im Grunde sind es doch die Verbindungen mit Menschen, welche dem Leben seinen Wert geben,
und je tiefer eingehend sie sind, desto mehr fühlt man, worin doch zuletzt der eigentliche Genuss steckt, die Individualität.‘*

Diesen Satz schrieb Wilhelm von Humboldt vor fast 100 Jahren in einem Brief an eine Freundin. Was für ein wunderbares Fazit!

Anmerkungen

Quellen:

www.redensarten-index.de Zitat von Theodor Fontane
‚Ein guter Aphorismus ist die Weisheit eines ganzen Buches in einem einzigen Satz'; Sprichwörter, Redenwendungen, Volksmund

www.aphorismen.de u.a. Zitat von Epiktet:
‚Nicht Sprüche sind es, woran es fehlt; die Bücher sind voll davon. Woran es fehlt, sind Menschen, die sie anwenden!'

www.skripturat.worldpress.com Zitat von Aristoteles, ihm zugeschrieben *‚Wer schreibt, der bleibt'*

www.gutzitiert.de Zitat von Wilhelm von Humboldt, Briefe an eine Freundin, 21. September 1827. In: Briefe von Wilhelm von Humboldt an eine Freundin. Vierte Auflage. Erster Teil. Brockhaus, Leipzig 1850, S. 323
‚Im Grunde sind es doch die Verbindungen mit Menschen, welche dem Leben seinen Wert geben, und je tiefer eingehend sie sind, desto mehr fühlt man, worin doch zuletzt der eigentliche Genuss steckt - die Individualität.'